U0104123

宗教自由和東亞新興教會

以基督教福音宣教會為中心（上）

馬西莫・英特羅維吉 Massimo Introvigne　　著

蔡至哲　譯

推薦序一

　　新興宗教引起社會大眾與學界的關注，始於一九六〇、一九七〇年代的美國。當時正值戰後嬰兒潮世代反抗社會主流價值的年代，許多中上階層出身的年輕人受到充滿個人魅力的精神領袖與靈修教團的感召，放棄追求財富與世俗成就，全心奉獻於各種身心靈的修煉，引起家長與公眾的憂心，更有政治與宗教領袖認為這些團體已嚴重危害社會秩序及主流規範，應設法在不妨礙信仰自由的前提下加以管束。雖然，追求東方靈性傳統及各種新靈性運動蔚為風潮，部分還發展成有組織的新興教派，與傳統宗教分庭抗禮，卻也因而激發了部分的世俗與宗教菁英發動「反邪教」（anti-cult）運動來壓制這股風潮，全力捍衛主流價值。這場現代版的「正統」與「異端」之爭，從一九七〇年代延燒至一九九〇年代大勢底定，基於宗教自由的憲法原則，「反邪教」陣營固然無法透過司法體系使得新興宗教被判定非法，但其發動的文宣與媒體攻勢，卻也引起衛道與保守人士的迴響，並在社會形成對新興宗教的刻板印象。基於理性主義與世俗化常被視為現代文明的基本特徵，故擁有美好前途的菁英階級子弟離家追求新興宗教，被視為違反常規或社會失序的表徵。在主流價值的預設之下，反對新興宗教的學者便建構出「洗腦」（brainwashing）論以解釋新興宗教的成因，換言之，新興宗教入教被視為類似於集中營的心智控制與集體再社會化的強制過程，「洗腦」論也成為「反邪教」陣營控訴新興宗教的理論利器；但隨著更加客觀與中立的學者投入新興宗教研究，並發展更具解釋力的「改宗」（conversion）理論之後，「洗腦」論逐漸在學

術界被揚棄，但仍然成為大眾媒體塑造新興宗教負面刻版印象的論述根據。

一九九〇年代，既是新興宗教與「反邪教」之爭在美國塵埃落定的時期，卻也是此一爭端轉進到歐洲、東亞，乃至其他區域的關鍵時期。國際學界的新興宗教研究，便可以一九九〇年代為分水嶺，從一九七〇年代興起以迄於一九九〇年代為新興宗教研究的第一波，二十、二十一世紀交替期迄今則為新興宗教研究的第二波。第一波時期，新興宗教現象既發源於美國，所以絕大部分的研究也都以美國學者為主；第二波為新興宗教現象全球化的時期，一方面是美國源流的新興宗教傳到歐洲、東亞，「反邪教」運動也如影隨形地跟進到歐洲、東亞；另一方面，美國以外的其他區域也有本土源流的新興宗教出現，特別是東亞地區具備民主自由與宗教多元條件的日本、韓國、臺灣，更是東方系新興宗教的主要發源地，美國與東亞兩種源流的新興宗教競逐東亞地區的宗教市場，而東亞源流的新興宗教則開始往鄰近國家、歐美與其他區域發展，特別是日系與韓系的新興宗教，從而刺激了第二波新興宗教研究邁向全球化發展，本書可說是中文世界有關第二波新興宗教研究的開創之作。

本書的作者之一義大利學者 Massimo Introvigne 教授，正是第二波新興宗教研究最具代表性的學者之一，一九八八年與美國及歐洲的第一波新興宗教學者共同創立「新興宗教研究中心」（Center for Studies on New Religions, CESNUR）；一九九三年該中心舉辦首屆的新興宗教國際學術研討會，成為新興宗教研究最主要的國際交流平台；二〇一一年 CESNUR 年會首次在臺灣舉辦，也是自一九九三年首辦以來，第一次在歐洲與美洲以外的國家舉辦，足見國際學界已視臺灣為新興宗教的重鎮，因此二〇一八年 CESNUR 二度在臺灣舉辦年會。筆者除了曾參與這兩次在臺灣舉辦的新興宗教研究盛會之外，也參與了韓國的

二〇一六年會議，以及以色列的二〇一七年會議。這幾次會議都見Introvigne 教授以大家長的身分蒞臨主持會議，並以如數家珍的方式分析全球各地新興宗教與「反邪教」運動的重大議題，儼然是新興宗教學術全球化的主要推手，從本書亦可見他如何以累積數十年的學術工夫建構新興宗教的宏觀架構，以及對韓系新興宗教的精闢銳見，東方與西方的宗教文化鴻溝，對如此全球化的學者似乎不構成任何障礙。

　　本書前半部皆為 Introvigne 教授的近期研究成果，以兩面具陳、正反辯證的模式，探討新興宗教與「反邪教」組織之間的抗衡關係，嘗試發展兼顧兩造的類型學與解釋模式，並對雙方的法律攻防戰進行實務性分析；本書後半部將焦點轉向東亞脈絡，以發源於韓國，傳播於日本、臺灣的「基督福音宣教會」（Christian Gospel Mission，臺灣常以「攝理教會」稱之，但該詞並非該教派的自稱）為探討案例，以應證前半部所陳述的理論與法律實務課題。除了一篇仍出自 Introvigne 教授的手筆，其他各篇則為臺灣新生代學者以「基督福音宣教會」的局內人角度並參酌 Introvigne 教授的理論架構所撰述，此一安排亦足見其提攜後輩的用心良苦。

　　宗教的「正統」與「異端」之爭，乃是世界宗教史亙古常青的主題，也是宗教學術研究最引人入勝的課題。雖然，雙方所爭者表面上是教義、儀式、戒律或教團領袖等宗教傳統之核心要素的主導權與解釋權，但世俗勢力的介入，更會激化其鬥爭激烈的程度及其所影響的範圍，為人類文明留下難以抹滅的宗教戰爭、宗教裁判所等殘酷的印記，似乎使得宗教從神聖的寶座跌入凡俗的紅塵。無論是東方或西方的古代文明，皆未嚴格區分神聖與世俗的事務，並皆採行不同形式的「君權神授」制，政治的「正統」拉攏宗教的「正統」以鞏固其至高無上的權威乃是古代專制政體的常態。但近現代的「正統」與「異端」之爭，則有著全然不同的脈絡，因為無論是現代民主國家或專制

國家，大多採行政治與宗教分離的制度，國家的政治「正統」以世俗意識形態為基礎，如自由主義、民族主義或共產主義，不再支持特定宗教傳統，也不需要宗教背書。所以，堅持「正統」、「正信」的傳統宗教固然視新興宗教為「異端」、「邪教」，但國家公權力機關對此保持中立的態度，並扮演仲裁者角色，所以媒體攻勢與法律訴訟成為傳統宗教的「正統」對付新興宗教的「異端」之主要手段。現代新興宗教的「正/邪」之爭，有助於釐清宗教史上的「正統」與「異端」論爭的本質、發生脈絡與前因後果，對宗教變遷與教派分化將有更深刻的認識。

不過，東亞國家與歐美國家雖都採行民主政治與政教分離，但其政教關係與宗教文化仍有根本差異。歐美國家採行多元主義民主制，但因基督宗教仍為大多數人的傳統信仰，宗教文化較為單一，因而基督宗教的價值觀點難免成為公眾看待新興宗教的判準；反之，東亞國家從政治威權走向多元民主的時間較短，歷史上又未曾出現神權統治，反而是以政領教的世俗體制為主，但宗教文化卻又非單一宗教主導，宗教多元並存一直是東亞社會的傳統，延續至今。在此種情況之下，既無單一的傳統宗教為判準，也就更難有單一的新興宗教之定義與判準，傳統宗教與新興宗教的界線更為模糊，隨著東亞國家朝向民主化及全球化之後，似乎新興宗教的拓展空間更大。透過全球化的影響，許多西方盛行的新興宗教已在東亞國家廣泛傳播，而日、韓、臺灣所開創的新興宗教也可見於西方國家。所以，東亞國家料將成為新興宗教最活躍的場域，值得東亞學術界投入更多的關注與探索，並與歐美學界展開對話與交流，本書為此提供絕佳的參考範例。

國立政治大學宗教研究所所長　蔡源林

推薦序二

　　從古至今，宗教之間的衝突屢見不鮮，亦經常在公部門的範疇中拉扯競合。而所謂「邪教」可略分宗教性邪教、社會性邪教及政治性邪教等三個範圍。宗教性邪教始自不同宗教或相同信仰但對教義有認知差異及偏見；社會性邪教則是宗教行為觸犯法律，且涉及生命財產、性侵等重大情節；政治性邪教通常是威權或極權政府片面的判定，例如法輪功在中國的境遇。在民主化的社會中，通常少有政治性邪教，而宗教團體或宗教人物只要不涉及前述法律問題，「正統」、「異端」或「邪教」等名詞都只是不同視角的宗教議題而非社會問題。但冷戰時期對納粹的清算及共產主義的恐懼，加上各式新興宗教不斷林立，於是乎將所謂「邪教」的定義擴及政治意識形態與心理科學研究的領域，這確實是十分特殊的當代社會現象，並且交織著宗教性、社會性與政治性定義。本書由義大利宗教學者 Massimo Introvigne 帶來的前半部，靈活運用不少學理及範例，從不同角度建立或釐清許多重要的觀念，相信讀者在閱讀後會得到相當大的收穫。

　　因為即便在政治與學術研究風氣自由，加上媒體輿論蓬勃發展的今日，「邪教」的認定與否依舊有太多主觀標籤與模糊空間，甚至淪為八卦新聞的追逐標的。簡言之，在看似進步且資訊爆炸的民主社會，若不整理其時代背景與個別案例的脈絡，極有可能身陷人云亦云的漩渦中。姑且不論鄭明析牧師對基督宗教信仰的詮釋，其創立之攝裡教會就是個應當更加客觀深入探討的案例，不論是在臺灣或是在韓國。因此本書的後半部，Massimo Introvigne 與蔡至哲博士從不同角

度探討攝理教會在法律爭議、女性主義、臺灣主體性等議題，面相十分廣泛。Massimo Introvigne 在書中直言，他並未打算針對鄭明析牧師的判決採取某種特定立場，但分析事件中不同敘述以及對社會的影響，則是「學術工作的一部分」，因此具有相當高的參考價值。而蔡至哲博士雖然長期身為攝理教會的會友，但不管在資料引用、文字論述或觀察視角，與其稱之為護教，不如說是讓讀者以更多實際層面來認識攝理教會，而不是停留在網路世界的流言蜚語。

　　我跟蔡博士結識於一場募款餐會，他為人誠懇實在，說起話來邏輯清晰且甚少贅詞，讓我留下深刻的印象。之後我們不時在各種場合討論與交換意見，成為公私領域皆有往來的良伴，更佩服他對學術研究與信仰的執著。亦承蒙至哲不嫌棄，即便研究領域不同，他依然大膽邀敝人替本書撰序，或許甚少有人能抵抗其真摯請託的眼神。另有一事相提，至哲是在某日午後送書稿到臺大兒童醫院給我，而當晚我的女兒便呱呱墜地來到人世。因此本書的出版對我個人來說多了一份特殊的情感，我會懷念當天我們青島東路上的分享，聽我說著女兒即將到來的焦慮與喜悅。

淡江大學歷史系兼任助理教授

李登輝基金會執行長　鄭睦群

推薦序三

　　我認蔡至哲博士已經十年了。我第一次跟至哲博士交流時，很驚訝地發現，雖然至哲沒有讀過神學院，但是至哲博士對基督宗教神學、倫理學及聖經研究非常熟悉，他也蠻能掌握我所熱愛之學術領域的最新研究發展及研究動態。至哲博士之前同時攻讀臺大國家發展所及政大宗教研究所博士班，他無論對人文科學或社會科學理論都有一定程度的理解和研究。至哲博士念臺大博士班時就已經在臺灣一流的學術期刊發表數篇代表性論文，他的研究將中國思想史及韓國思想史連結，常能利用多國史料做出比較研究，其他文章也對亞洲基督宗教史有一定程度的貢獻。他的另外一個特色是有很強的自學能力，本人以為在臺灣這樣學術人才是罕見的。

　　此外，至哲博士長期在不同的學校擔任研究助理及教學助理，他的分析能力和文筆不錯，作品也不枯燥，不會過度使用太專業或二手作品的引文，不熟悉宗教研究的朋友也可以讀得很享受，而且這些論文也頗具深度，並不只是在入門階段，因此已經有新興宗教研究經驗的朋友，也可能會讀到幾個值得思考的論點。

　　這次至哲博士和 Massimo Introvigne 博士合著的這本討論東亞新興宗教發展的專書，可以說是完成了一個不容易的工作。如今在不同語言文化、不同國家的法律對新興宗教（新興教派）的範圍及解釋差異甚大，學界對新興宗教的現象也一直無法獲得共識，至哲博士願意花大量時間及力氣進入新興宗教研究令人敬佩。Massimo Introvigne 博士和至哲博士的研究並沒有逃避新興宗教所不容易面對的問題，包

括暴力及洗腦，另外也特別介紹目前特別值得思考新興教派對疫情及神學方面的理解。這本專書討論新興宗教各方面存在現象的問題，讓讀者有機會看到相當完整的圖像。臺灣如今深入探討新興宗教的作品不多，至哲博士的這本論文集應該可以作為部分彌補。

　　本人以為無論對神學、宗教學或教會史的朋友都很值得推薦蔡至哲博士的這本既是翻譯也是個人專書結合而成的論文，藉此進一步認識東亞新興宗教的動態。

　　　　　　　俄羅斯基督宗教學者　安德（Армаис Ананян）

序

　　義大利學者 Massimo Introvigne 博士是當代西方學者中研究新興宗教的典範人物。他在宗教社會學領域著作超過七十本專書、一百多篇論文，也身任《義大利宗教百科全書》的主要作者，不可不謂是著作等身。從二〇一七年或者更早之前，我有幸和博士在網路相識，結下了一路至今的各種緣分。而後，由於二〇一九年三月「印太地區保衛宗教自由公民社會對話」論壇於臺北開幕。那場盛會是臺灣民主基金會與美國在臺協會、國際宗教自由圓桌論壇與國際宗教自由秘書處共同舉辦，活動開幕典禮當天，蔡總統也親自致詞。博士當時也代表義大利來到臺北，於是我們終於能初次面對面對談。博士為人和藹可親，完全沒有輕視當時的我只是一個快畢業的博士候選人。

　　隔週，也很神奇地，我們立刻就有機會，引見博士到位於南韓錦山的月明洞，和基督教福音宣教會創辦人鄭明析先生直接見面。兩人當時雖然初次見面，暢聊超過兩小時，不論是宗教、政治、歐洲見聞等等，鄭明析先生和博士之間相談甚歡。最後鄭明析先生還邀請博士以天主教徒身分做結束禱告，也約定宣教會要和博士展開進一步的學術合作。

　　到了當年六月，博士再次造訪月明洞拜訪鄭明析先生，也參加當天教會的週三禮拜，並在禮拜後出來和大家問候。當時博士就表示：「身為學者不會相信大眾媒體為了炒作市場，而做出煽情的惡評報導，而是想做嚴謹的學術研究」。之後博士更完整進行對教會的田野

調查和人物訪談，也取得了更多相關的重要資料，由此完成了本書下冊的首篇內容。而後於二〇二一年七月十四日，博士也與我在「第三十六屆國際宗教社會學年會（International Society for the Sociology of Religion, 12-15 July 2021）」共同發起以研究基督教福音宣教會為主題的專題論壇，當時我個人著作的文章，就成為本書下冊的主要內容，這些文章的英文版也將在研究新興宗教的重要期刊「The Journal of CESNUR, Volume 6, Issue 1, January–February 2022」（https://cesnur.net/wp-content/uploads/2022/01/tjoc_6_1_full_issue.pdf）於二〇二二年一月刊登。而本書的上冊，則是我挑選博士多年來對新興宗教理論研究的重要篇章。分別是針對所謂「邪教（膜拜團體）」問題、宗教暴力等重要關鍵詞的相關研究。

本書雖然仍有不足之處，但相信是臺灣學界首次對 Massimo Introvigne 博士的學術成果做出一個相對完整的翻譯和介紹。更是中文學界最先以相對客觀中立的角度，研究當代東亞脈絡發展出來的新興教會基督教福音宣教會的學術成果。因此，本人既為本書上冊之譯者，亦為下冊大部分篇章之作者。有幸翻譯並著作此書，當然深為感謝。

尤其感謝鄭明析先生在本書著作過程中給予精神上的支持和鼓勵。也感謝政大宗教所所長蔡源林教授、淡江大學歷史系兼任助理教授鄭睦群博士，還有俄國來臺優秀專業基督宗教學者安德博士願意給本書寫序推薦，再次深為致謝。蔡源林老師自我就讀博士班期間就給我諸多指導，也在二〇二一年七月十四日年會中給予我的論文諸多寶貴建議和評論。鄭睦群博士亦兩次以上擔任我論文的評論人，讓我格外仰慕他年輕帥氣的學術風采，他的斜槓人生更是我認為年輕學者中的優秀榜樣。安德博士作為東正教、天主教專業學者，中文極好又親

切待人，更常讓我如沐春風，我再次感謝天主讓我有幸認識這三位寶貴師長和朋友，尤其再次致謝他們願意為本書推薦寫序。

　　　　　　　　　本書作者暨譯者、臺大政治系兼任助理教授、

　　　　　　　　　　　師大東亞系博士後研究員

　　　　　　　　　　　蔡至哲　謹誌

目次

捌　新興教會的新冠疫情應對
——以基督教福音宣教會為中心的觀察

玖　臺灣主體性的追求與教勢發展
——以基督教福音教會為例

拾 **鄭明析先生冤案與新興教會司法迫害**·蔡至哲 著 215

上冊
導言　反邪教戰爭的研究回顧[*]

　　除了本書上半部的最後篇章是二〇二一年針對反邪教組織 FECRIS（European Federation of Centres of Research and Information on Cults and Sects）的白皮書外，這本在臺灣出版的選集中收集了一九七〇年代和一九八〇年代關於「反邪教戰爭」的相關典型爭議。我知道這些問題在臺灣也還存在，因此有心以中文來介紹給讀者。這些文章主要處理「宗派型」和「世俗型」（counter-cult 和 anti-cult）兩種反邪教運動，還有「cult（英文）」或「secte（法文）」的使用。「secte」在法語中應翻譯為英語的「cult」而非「sect」，這之中有不同的含義，那是一種歧視少數不同宗教的用法。

　　我在一九九三年介紹了「宗派型」和「世俗型」反邪教運動之間的區別，這當中內容已經被學術界廣泛接受。[1]在北美的宗派型反邪教運動始於十九世紀初，當時的新教和之後的羅馬天主教神學家開始批評這些新興宗教，認為是背離基督教正統的異端「邪教」。這種宗派型反邪教運動一直持續到二十世紀，且至今仍然存在。[2]

　　宗派型反邪教者最感興趣的是教義層面的異端問題，期待將「邪教徒們」矯正回正統基督教徒。他們很少要求政府立法打擊「邪教」，而是藉由著書立說、講論來攻擊。

　　另一方面，世俗型反邪教運動則是在一九六〇年代末和一九七〇

---

[*]　本文作者為Massimo Introvigne。
[1]　Introvigne 1993.
[2]　詳見Van Baalen 1938；Martin 1965；Hoekema 1963。

年代，由那些加入新興宗教後，放棄世俗職業而全職奉獻的青年的父母們在北美發起的。這些新興宗教的傳教士，有來自亞洲的，也有在美國本土誕生的（例如上帝的孩子，Children of God），這些宗教團體在經過「嬉皮」運動異議思想洗禮後的大學生中非常成功，青年們將新興宗教當成原本乏味的資產階級生活的替代品。

　　大多數父母對主流基督徒所定義的非正統神學問題沒有太多興趣，但是強烈反對他們的孩子決定在大學退學而改當全職傳教士。他們不相信這是一個自由意志下的選擇，而是一種被「洗腦」（Brainwashing）的結果。洗腦是冷戰期間創造的一個概念，用來解釋像共產主義這樣怪異的理論怎麼能說服這麼多「正常」的西方人加入。世俗型反邪教運動也由此誕生。這和之前的宗派型反邪教運動有三個重要區別。首先，它號稱不關心信仰的信條，只在意具體影響，所以他們並非用神學來定義何謂「邪教」，而是關注所謂的洗腦行為帶來的傷害。其次，它的目的只是勸導「邪教徒」放棄「邪教」，回歸正常的「生活、職涯」，無意要讓他們改宗父母的宗教。第三，它嘗試積極和政府、法院合作，刻意不讓人以為他們是在神學上批評「異端」，而是說服眾人以為洗腦是一種犯罪。

從 FREECOG 到 CAN

　　在一九七一到一九七二年間，部分加入「上帝的孩子」成員們的父母創立了「FREECOG（Free Our Sons and Daughters）」組織。除了上帝的孩子之外，其他有爭議團體的年輕成員的父母，還有一些職業律師和心理學家也加入其中，這個組織多次改名，先是公民自由基金會（Citizen's Freedom Foundation, CFF），然後是警惕邪教網絡（Cult Awareness Network, CAN），特別攻擊一些號稱開發人類潛能或新諾斯

底主義的團體，像是山達基教，這些團體後來都被指控有洗腦之嫌。

　　反邪教組織奠基於洗腦的意識形態，藉由三種不同的工具以實現其目標。首先，他們發起了一系列公開運動，宣稱洗腦是真實存在的，邪教是一種重要威脅。他們設法與幾個媒體人物建立了密切的關係，接著建構了邪教的惡劣形象，持續至今。

　　其次，他們遊說州議員者通過反洗腦法律，支持一些知名人士提起訴訟，通常是那些離開新興宗教的前成員，宣稱他們被洗腦而受傷，因此發起訴訟要求賠償。但最終，憲法占了上風，任何州都沒有通過反邪教立法，儘管某些案件他們打贏了官司，但大多數都是反邪教方敗訴。

　　第三，反邪教人士支持一種所謂的「去洗腦」行動，那是由誕生於一九三〇年的 Ted Patrick 創建的，他的兒子加入過上帝的孩子。Patrick 是 FREECOG 的創始人之一，他開發了一種去洗腦技術，他涉嫌綁架「邪教徒」並將他們監禁在偏僻的場域，接受有關「邪教」負面信息的疲勞轟炸，直到他們屈服並「轉信」。之後其他人也陸續加入其中，因為「去洗腦」已經成為了一個有利可圖的職業，即便不見得有什麼真實效果。Patrick 堅持在進行去洗腦時有需要使用暴力，因為受害者都已經被洗腦了，但法院否決了這種說法。一些去洗腦成員因此付出沉重的代價，還有一些人被判刑入獄。

　　反邪教者開始憂心他們在那些去洗腦案件中可能承擔的法律責任，決定保持低調。一些人決定放棄專門去洗腦的 CFF，更聚焦在研究、教育和宣傳上。後來他們在一九七九年成立美國家庭基金會（AFF, American Family Foundation），其後更名為國際邪教研究協會（ICSA, International Cultic Studies Association）。

　　然而，一九七八年圭亞那瓊斯鎮人民聖殿的集體自殺和謀殺事件使反邪教者重新得力。儘管人民聖殿教在某種程度上根本是主流基督

教派中的一個平信徒運動，之前也不是反邪教者的主要目標，但它很快就變成「邪教」是致命威脅的證據。去洗腦者獲得了新的動力，儘管更名為 CAN 的 CFF 表面上否定去洗腦的做法，也否認彼此團體之間的連結，卻還是偷偷將相關的父母轉介給去洗腦成員。

　　CAN 是國際反邪教網絡的一部分，他們也擴展活動到歐洲和亞洲。不過，在日本和韓國等國家，基督宗教的宗派型反邪教運動比世俗的反邪教更為活躍，還從他們那邊引入了洗腦的概念和去洗腦的做法。

美國反邪教運動的危機

　　在反邪教運動發展的同時，學術界人士則開創了新興宗教運動（NRM）研究的新學科。這當中的大多數人根據自己對新興宗教的觀察後總結，拒絕將新興宗教稱為「邪教」，因為這個用語帶有負面的價值判斷，而且洗腦更是一種錯誤的偽科學理論。我們也沒有正當理由把所謂不正常的「邪教」和「真正的」或「合法的」宗教做出區別。雖然少數的新興宗教領導人和少數成員是害群之馬，但主流的宗教人士中也一樣有違法作惡之人。

　　新興宗教學者也開始在洗腦相關的案件中擔任專家證人，否定洗腦是科學概念。一九八七年，美國心理學會社會與倫理責任委員會（BSERP）否定了 Margaret Singer（1921-2003）領導的專責小組之報告，說它缺乏「科學嚴謹性」。Margaret Singer 是一位臨床心理學家，也是信奉洗腦理論的主要人士。儘管 Singer 和她的支持者繼續聲稱 BSERP 只是個別性拒絕了那份報告，而不是全面否定反邪教的洗腦理論，但那次事件對一九九〇年美國加州北區地方法院的 Fishman 案件之判決產生了深遠影響，這對美國的反邪教運動造成了重大打擊。[3]

3　Introvigne 2014.

Steven Fishman 被控犯有金融罪，他的律師以「暫時精神錯亂」作為辯護，也得到了 Singer 作為專家證人的支持。也就是說他之所以犯罪，是因為當時他是一名山達基教的信徒受到了洗腦。法院則總結說，洗腦在科學界不被視為有效理論，從案件中排除了有關洗腦的證詞。

更慘的是在一九九五年，當去洗腦者 Rick Ross 在試圖對擁有五百萬信徒的五旬節教會成員 Rick Scott 進行去洗腦失敗後，還被提告民事訴訟。其實這個教派很少被視為新興宗教或「邪教」。Scott 得到了山達基律師和偵探的支持，證明了他的母親是被 CAN 轉介給 Ross 這位去洗腦者的，使得 CAN 被判賠償數百萬美元而導致破產，於是 CAN 這個註冊名稱和資產被一個和山達基教相關的團體收購。

Fishman 案和 Scott 案大為減少了反邪教運動和去洗腦人員的活動。大多數學者，甚至美國政府文件中，[4]今日都已將洗腦理論視為偽科學，將反邪教運動視為一種會嚴重危害宗教自由的激進、狂熱分子的團體。雖然還有少數學者像是亞伯達大學（University of Alberta）的社會學家 Stephen A. Kent 還支持反邪教運動，並創建了「邪教研究」想取代「新興宗教研究」。[5]但這些人在學術界的影響幾乎微乎其微。

然而，那些基於洗腦的反邪教敘事雖然遭到大多數專業學者的否定，但他們仍然對媒體、小說和電影、流行文化，甚至維基百科如何描述「邪教」和「新興宗教」的研究持續發生影響，最近「邪教」和洗腦的說法還被用來解釋像是「QAnon」[6]一類的極端主義政治現象。在日本、韓國和臺灣活躍的基督教宗派型反邪教運動依然還持續抄襲美國過去那些「典型」的反邪教的概念。

4　USCIRF 2020.

5　Ashcraft 2019.

6　譯者注：匿名者Q是一種極右翼陰謀論。

參考書目

Ashcraft, W. M. (2019), *A Historical Introduction to the Study of New Religious Movements*. London: Routledge.

Hoekema, A. (1963), *Four Major Cults*. Grand Rapids, Michigan: William B. Eerdmans.

Introvigne, M. (1993), "Strange Bedfellows or Future Enemies?" *Update & Dialog*, 3: 13-22.

Introvigne, M. (2014). "Advocacy, Brainwashing Theories, and New Religious Movements," *Religion* 44(2): 303-319.

Martin, W. (1965), *The Kingdom of the Cults*. Grand Rapids, Michigan: Zondervan.

Van Baalen, Jan Karel (1938), *The Chaos of the Cults: A Study In Present-Day ISMS*. Grand Rapids, Michigan: William B. Eerdmans Publishing Company.

壹　洗腦理論及其倡議與新興宗教運動*

　　新興宗教運動是一個特別明顯有學者倡議的場域，也帶來了激烈辯駁的法律攻防。實際上不同學者各自站在所謂「邪教戰爭」的兩造雙方。臨床心理學家比較常站在反對邪教的危險性一方，社會學家則大多對主流的反邪教論述抱持懷疑的態度。本文將聚焦在一九七五至一九九九年間，主要學者間的這些攻擊性倡議，並站在更冷靜客觀的立場，嘗試提出一個總結觀察，這些總結內容也算是近年的主流看法。

一　「邪教」和洗腦：倡議的開始

　　從一九六〇年代晚期直至一九七〇年代早期，大量的新興宗教運動出現在美國和歐洲，部分宗教還源自於亞洲。這當中有許多的新興宗教特別把大學生當作他們的傳教目標，導致部分學生輟學成為了全職的傳教士，也帶給其家庭極大震撼。

　　這些學生歸信者的父母並沒有宗教信仰，部分家長還認為傳統教會對上述現象的回應完全不夠力。大多數教會的批判僅限於神學批評中，只會把這些新興宗教貼上異端的標籤。因此，繼具有宗教色彩的「反異端運動」之後，與之類似但卻具更世俗性的「反邪教」運動應

---

* 本文翻譯自 Massimo Introvigne, Advocacy, brainwashing theories, and new religious movements. *Religion*, 2014. Vol. 44, No. 2, pp.303-319.

運而生。這類的世俗性運動宣稱他們對教條並無興趣，只看新興宗教帶來的具體影響，並且從一個非宗教性的角度檢視新興宗教，以便採取行動拯救那些「邪教」的「受害者」。

我們不必在此就完整追溯反邪教運動的歷史。這裡僅先點出一九七〇年代的美國和近年來的歐洲，特別是法國，反邪教運動已經從早期由新興宗教信徒的家長所領導的階段，發展到一個由心理學家和律師主導的新的、非常「專業」的新階段。在這種新的情況下，邪教對大眾的危害和大量的洗腦相關理論彼此開始結合。

洗腦是一個源自冷戰時期所發展出來之概念，當初是為了解釋為什麼表面上看來「普通的正常人」會轉而信仰像是共產主義這種邪惡的意識形態，洗腦相關理論提供了一個簡單粗暴、便於傳播的研究先例，用以解釋為何有那麼多的德國工人階級會參與納粹組織，那時的研究是由法蘭克福學派的社會研究中心在一九二〇年代所執行的。洗腦一詞則由 Edward Hunter（1902-1978）所創，他是一位美國戰情局成員（OSS），後來也成為一位 CIA 探員，他以記者的工作為掩護，一開始撰寫在中國的英文出版刊物，而後則在 *Miami Daily News*（《邁阿密日報》）工作。Hunter 在一九五一年從《在紅色中國的洗腦》（*Brain-Washing in Red China*）一書開始，在幾本著作中闡述了有關洗腦的理論。洗腦理論被 CIA 用為政治宣傳的內容，它簡化了原本複雜的、法蘭克福式的極權主義影響之學術分析。後來成為 CIA 局長的艾倫‧杜勒斯（Allen Welsh Dulles, 1893-1969）在一九五三年的一場演講中解釋說「大腦處在被共產主義者影響的環境下，猶如留聲機只能乖乖播放外力放上的唱片一般，早已失去自主能力。」[1]

逐漸地，這個原本是研究共產主義者的洗腦理論，也被用來指宗

1　Scheflin and Opton 1978, 437.

教中的極權主義形式，甚至被用在一般的宗教。這當中最關鍵又直接的影響的一步，就是一九五七年由英國精神病學家 William Walters Sargant（1907-1988）出版的《心智戰爭 *The Battle for the Mind*》（Sargant 1957）。同時間 CIA 也持續招募人才，進行洗腦的相關研究。在心理學家 Louis Jolyon West（1924-1999）於奧克拉荷馬大學從事教職之際，就已經開始直接從事和反邪教運動相關的工作了，之後他又成為了 UCLA 神經精神病學研究中心的主任。雖然 Sargant 會把一般宗教歸信的過程也看為一種洗腦，但 West 大力促成了把洗腦理論的應用限制在「非合法宗教」或者「操縱性的宗教」的形式中（像是「邪教」），於是使得洗腦理論在一般公眾中變得更廣為人知。

　　West 很少嘗試為了「邪教」問題在法庭上作證。他那種「傳染病式」的洗腦理論，把加入邪教視為一種病症和傳染病（West 1989）的論點反而很少被人認可。洗腦理論被反邪教運動應用在新興宗教上是在一九七〇年代到一九八〇年代，大部分都是從 Margaret Thaler Singer（1921-2003）建構出來的。因為從她開始倡議和參與了諸多攻擊邪教的法律訴訟，眾多從心理學家的學術立場出發的倡議和訴訟就此展開。

二　作為倡議者的心理學家：Margaret Singer

　　作為一個臨床心理學家和一位柏克萊大學的榮退兼任教授，Singer 曾問學於 Edgar Schein（1928-）（Schein 是一位研究操縱影響的頂尖學者），而且 Singer 也曾和 Schein 共同發表學術論文。Schein 和 Robert Jay Lifton（1926-）曾嘗試以研究中國共產黨的思想改造來證成 CIA 的洗腦理論，這當中關於操縱研究的學術論述雖然是有爭議的，但依然是頗具學術價值的。[2]

2　Lifton 1961；Schein, and Barker 1961.

Singer 常以一個專家的身分出庭作證，在某個程度上來說，她發明了一個心理學家的新職業，實際上讓她直接成了反邪教訴訟和倡議的全職辯護人。Singer 頻繁地使用 Schein 的「強制性說服（coercive persuasion）」，和 Lifton 的「思想改造（thought reform）」共同作為洗腦的同義詞。[3]批評者包括像是法律心理學家 Dick Anthony（1932-2019）則對此反駁，認為 Singer 誤用了 Schein 和 Lifton 的說法，因為 Schein 和 Lifton 在使用自己的理論時，對於區別合法和非法傳教的法律判準上是更謹慎的。Anthony 作為一個受尊敬的新興宗教專家，他在一九九〇年撰寫了一個很具代表性的文章談論此爭議（Anthony 1990），其後在一九九六年又接著完成一篇更全面性的博士論文（Anthony 1996）。他常被找去出庭作為反制 Singer 的證人，隨後成為反倡議運動（counter-advocacy movement）的關鍵角色，這些學者們認為 Singer 和反邪教運動者們的行為，是對科學的侵犯，也是對宗教自由的嚴重威脅。

Singer 建立了一個「六種情境」的框架，用以判定一個宗教活動是否在「洗腦」其信徒：「例如一個讓人無法察覺、卻在進行中的某個行程，正在操縱或改變這個人」；「控制信徒的個人時間、活動環境（包括對外接觸、資訊獲取）」；「創造一種無力感、恐懼和依賴關係」；「壓抑原有的行為和態度」；「灌輸新的行為和態度」；「提供一種封閉的邏輯系統」。[4]Singer 宣稱她的六種情境是取材自 Lifton 使用的一系列類似標準的「八個主題」和 Schein 的「三個階段」。Anthony 反駁說事實並非如此。Anthony 指出，不管是 Schein 或 Lifton 所謂的「強制性說服」或者「思想改造」，在許多的組織如政黨、修道院、監獄、軍隊其實都在不同程度上或多或少進行著。Singer 無法直接說

3　Singer and Lalich 1995.

4　Singer and Lalich 1995, 63-64.

一個「邪教」，真的有比其他也在改變人的想法和行為的組織進行著更強烈的「強制性說服」和「思想改造」，就宣稱邪教和其他組織有什麼本質上的不同。Singer 完全拒絕了 Schein 的中心概念，也就是所謂的「社會」對「強制性說服」的「認可」與否，乃是依據「我對那個團體的東西……比較沒興趣和好感」。[5]如果真如 Singer 所言，不管其程度和強度，也不管是什麼內容，全部都算是那些被定義為「邪教」之宗教團體在進行洗腦。這些類似的過程只因為被所謂邪教使用，就變得和其他「合法」組織如天主教修會，或者美國海軍陸戰隊也用過的方法有天壤之別。

其實 Singer 也條列了十九項「邪教」和「海軍陸戰隊」兩者間的異同，強調這些差異可以應用於比較邪教和耶穌會，或其他「合法」型式的宗教。Singer 總結說海軍陸戰隊實際上是一種「教化」，而邪教卻真的是在「洗腦」。Singer 宣稱這當中兩者的關鍵分別在於「欺瞞」，那些被海軍陸戰隊或者耶穌會教育的人，清楚地知道他們正在參加一個怎麼樣的組織、團體，而那些接觸邪教的人則是被騙進去的。海軍陸戰隊招聘人不會假裝自己是賣花的，或者是兒童社團在招人。同樣地耶穌會也不會繞圈子，說他們是一個「教大家如何透過吐納訓練去除內心壓力的國際性生活團體」。[6]

由此，美國心理學家加入成為了 Singer 的一員，在美國和歐洲的法庭上，作為一個倡議者，反制由自稱彌賽亞的韓國人文鮮明（1920-2012）創立的統一教會。Singer 明確地點出，一直以來統一教會在特定的地點（如加州），誘惑年輕人參加他們的活動，卻沒有透露出他們組織和團體的身分。但其實這只限於統一教會中的一個比較特別的、叫作「Oakland Family」的次團體，在統一教中從來不是主流，

5　Singer and Lalich 1995, 61.

6　Singer and Lalich 1995, 101.

而且也相對是一個短命團體。[7]批評者也提到，把「Oakland Family」
的情形，簡化成是整個統一教的典型樣貌，或者甚至是所有「邪教」
都有的普遍狀況，根本就不公平。

　　然而，Singer 持續努力，而且和社會學家 Richard Ofshe、反邪教
組織和部分法律團體展開系統性的合作，甚至想迫使人們質疑，是否
傳聞中「邪教」的洗腦行為該直接被判為非法的。另外，並非所有參
與新興宗教年輕人的家長都那麼有耐心去等待法院的判決。他們當中
部分人聘僱了「去洗腦者（deprogrammer）」，這是最早在一九七〇年
代興起的一種新型且有利可圖的職業。他們當中的成員既不是心理學
家，也不是精神科醫生，反而都是具有私人保鏢或者執法人員背景的
人士，或者就是那些有爭議性團體的前會員、背教者。姑且不論他們
的行為是否違法，這些「去洗腦者」經常以各種手段迫使新興宗教的
成員回到他們的父母懷中，有時甚至會公然在大街上或者直接在宗教
團體的會所綁架那些信徒。接著他們會把這些信徒監禁在旅館，或者
與世隔絕的建築中數日，大量灌輸信徒那些否定其新興宗教團體的負
面訊息，以期能幫助他們脫離、恢復被洗腦前的狀況。

　　雖然這些反邪教學者如 Singer 和 Ofshe 嘗試說明他們（和去洗腦
者）的作法還是有所不同，但他們更常被認為只是想一味地正當化去
洗腦者的行為，使得他們作為倡議者的行為變得更有爭議。在一九七
〇到一九八〇年代許多的案例都是去洗腦者被控使用毒品、肢體暴
力、甚至和性有關的行為（如性暴力）當成施加在受託對象的去洗腦
手段，[8]幾個惡名昭彰的去洗腦者最後都進了監獄。也導致到了一九
九〇年代，這些有組織的反邪教運動劃清了自己和去洗腦者的界線，

7　Barker 1984.

8　Shupe and Darnell 2000, 2006.

公開否定他們的不當行為。然而，這種去洗腦行動依然存在，特別是在日本，直到今天都偶爾還能發現存在有這種類型的倡議學者。

三　太過度的倡議？美國心理學會的介入

從一九七〇年代末起直到一九八〇年代，美國反邪教戰爭的訴訟結果看起來還處於勝負未定之間。地方法院的判決，特別是位在遠離大城市的小鎮，都會比較同情家長的論點，而且採取各種行動對抗那些被控有洗腦行為的邪教。有時候這些法官甚至和那些得到父母委託監管權的去洗腦者合作。在某一段期間中，這些即便已經成年的孩子們仍被判定暫時在精神上無行為能力，以便讓他們可以不被質疑地進行「去洗腦」。然而即便 Singer 和 Ofshe 常為了反邪教出庭作證，但這類判決中的大部分結果在 Anthony 和其他幾位研究新興宗教的資深社會學家的努力下，都在上訴後翻盤了。

在一九七七年著名的 Katz 案之判決中，一場加州法院的上訴，推翻了之前給予統一教會成員之父母的暫時監禁令。在那次判決中，上訴法院的法官把詢問重點放在調查「歸信的過程是因為被信仰理念說服而加入，還是有發生強制性說服，……而不是在調查或質疑這個信仰的正當性」，後者很明顯在美國憲法裡是被禁止的。[9]「強制性說服」本來是 Schein 用的術語，雖然法官也在用這個詞，但是法官使用的是 Singer 所賦予的其含意。但不管是哪種目的，Katz 訴訟案最後終結了「去洗腦者」帶來的暫時監禁令，也開始批判那些像 Singer 和其追隨者這批太常宣稱洗腦理論作用的倡議者，他們意圖用這類所謂科學性的語言掩蓋他們對非主流信仰做出的價值判斷。

9　Court of Appeals of California 1977.

　　但到了一九七八年，距離 Katz 案的判決一年後，在蓋亞那
（Guyana）發生的人民聖殿教（People's Temple）的集體自殺及屠殺
事件（suicide-homicide）帶來一場全球性的反邪教恐慌，也重新讓反
邪教運動找回一線生機。在這種新的氛圍下，去洗腦者找到了新的動
力，一些法律人也和反邪教運動串連，尋找新的策略，誘使先前被
「去洗腦」成功的成員去宣傳邪教洗腦對他們造成的傷害。因為多種
原因，這場法律戰聚焦在 David Molko 和 Tracy Leal 這兩個青少年的訴
訟，他們曾不顧各自父母的強烈反對，參加了在舊金山的統一教會。
他們參加六個月後，被成功的「去洗腦」，因此控告統一教會洗腦他
們，對他們造成了傷害。在一九八三年和一九八六年，加州法院兩次
駁回他們的控訴。[10]

　　這些事件對於那些倡議者很重要，且大眾媒體和輿論也知道了其
實有兩個相反意見的團體同時存在。一方是反邪教組織（在他們當中，
警惕邪教網路這個組織〔Cult Awareness Network〕在法庭上非常活躍，
美國家庭組織〔American Family Foundation〕則主要在提供資訊和研
究），而「去洗腦者」，則是一個由心理學家和精神科醫師組成，他們
應用洗腦理論於新興宗教的團體，除此之外，去洗腦者也有一些記
者，以及一小部分的社會學家。而另一陣營則是新興宗教團體和他們
的律師，還有宣揚宗教自由的組織，和一些宗教心理學家和大部分的
社會學家、歷史學者，他們致力於定位新興宗教為一個需要應用社會
科學的專業研究領域。後者的團體在美國的靈魂人物是 J. Gordon
Melton，在英國則是 Eileen Barker。在一九八四年，Eileen Barker 撰
寫了一個關於統一教會和批判洗腦理論的典範研究。[11]

　　兩個團體彼此對簿公堂，他們互相控訴對方不公正的指控，和雙

---

10 欲了解Molko案件的背景，見Anthony and Introvigne 2006.
11 Barker 1984.

方各有的偏見。支持洗腦理論的心理學家和精神科醫生被控掩護去洗
腦者的非法行為。對方則回嗆說新興宗教運動的學者們（特別是社會
學家和歷史學家）也一樣在掩護邪教的非法行為。雙方陣營也都被控
使用了不科學的方法去灌輸意識形態。因為種種理由，美國心理學會
（APA，容易被搞混是另一個類似縮寫名字的美國精神學會 American
Psychiatric Association）身處在這次風暴的中心。美國社會學協會
（American Sociological Association, ASA）也遇到類似的問題，但程
度上沒那麼嚴重。暫且不管 ASA 的狀況，很明顯大部分的宗教社會學
家並不同意洗腦的假說，而且都站在 Singer 和 Ofshe 的對立面。

　　在一九八三年的 Molko 案的訴訟中，美國心理學會（American
Psychological Association，本文概用 APA 之縮寫來代稱）接受成立專
案小組 DIMPAC 的提議（Deceptive and Indirect Methods of Persuasion
and Control，欺騙性和間接性說服和控制的方法），藉以評估這些理論
的科學性，以及部分倡議在某些程度上也許可以被接受，也是合乎學
術倫理的。Margaret Singer 是專案小組負責人，也是一位活躍於美國
家庭組織（American Family Foundation）的心理學家，她挑選了其他
成員，包括 Louis West（1924-1999）和 Michael D. Langone。專案小組
持續在幾年中進行研究。同時間 Molko 訴訟案也上訴到加州最高法
院。根據 APA 在一九八九年對案件的立場，「一九八七年二月五日，
在冬季會議中，APA 董事會投票支持 APA 作為法院之友（amicus
curiæ）」參與 Molko 案。[12]

　　在美國法律系統中，法院之友（amicus curiæ）的成員應該是一個
獨立的實體或個人，可以自發地參與法庭，提交和案件相關且有益解
決案件的庭呈資料。在一九八七年的二月十日，APA 和其他法院之友
提交了 Molko 案之簡報。簡報指出，Margaret Singer 標記為「強制性

---

12 American Psychological Association 1989, 1.

說服」的理論「不被科學界接受」，其相應的方法論「已被科學界否定」。簡報繼續詳細說明關於標記（關鍵字）的選擇，例如「洗腦」、「精神操縱（mental manipulation）」和「強制性說服」（都是使用 Singer 的含義）根本無關緊要，因為這些理論都不能被認為是「科學的」。[13]

　　這份簡報的提交引起了諸多抗議聲浪。因為心理學家和精神科醫生社群在這個議題上是分裂的，幾個臨床心理學家並不同意這些內容，還有一些人則譴責其方法。「APA 怎麼可以在要求 DIMPAC 專案小組針對這個主題準備一份尚未在協會有定論的報告前，就先給出官方立場呢？」幾位 APA 正式成員則回覆說，因為預計加州最高法院將很快對 Molko 案作出判決，這將對當下造成重大影響，使得等待 DIMPAC 委員會的調查結果變得不可行。

　　這種程序性論點得到不少支持，而部分人則擔心一些臨床心理學家會被 Singer 和 West 組織運作的活動說服，而集體退出 APA。為此，根據一九八九年對此事件的重申立場，「在一九八七年的春天，APA 的執行委員重新考慮了先前參與提出簡報的決定，以非常些微的差距投票後，撤回了決議」。[14]這表示著 APA 退出 Molko 案的決定是基於程序而非其實質內容。APA 從未基於簡報的實質內容是不正確的，而推翻一九八七年二月十日的簡報（American Psychological Association 1989, 2）。之後到了一九八七年三月二十四日，APA 提交了一份它撤回 Molko 案的動議。在這當中 APA 表示「這一行動，並不意味著 APA 認可任何與一九八七年二月十日法院之友簡報內容中相反的觀點」。[15]

13　American Psychological Association 1987a.

14　American Psychological Association 1989, 1.

15　American Psychological Association 1987b, 2.

　　與此同時，APA 決定對自一九八三年以來一直活躍的 DIMPAC 小組做出某種結論。在一九八六年底，這個小組其實已經提交其報告的「草稿」給 BSERP（Board of Social and Ethical Responsibility，社會和道德責任委員會，在 APA 委員會中負責公共政策）了。而後 Margaret Singer 等人馬上宣稱這還不是最終版本。不過實際上，根據 BSERP 看來，這個「草案」其實就是「報告的最終版本，只是略去參考文獻」而提交的。[16]BSERP 發現這個草案本身就已有充足的資訊讓他們去發布聲明，他還將其轉發給兩個內部和兩個外部審查人。所謂外部審查人，指的是 Jeffrey D. Fisher（康乃狄克大學）和 Benjamin Beit-Hallahmi（以色列海法大學）。在 BSERP 聲明中，APA 不僅否定了 DIMPAC 之報告，還指出它不能被稱為 APA 報告，也表達出 APA 成員對其報告內容更強烈的譴責聲明。

　　在 BSERP「公開傳閱」的版本之聲明中，[17]附件中只有兩位外部審查人 Fisher 和 Beit-Hallahmi 的意見。但在後來的訴訟裡，其中一名內部審查人 Catherine Grady 博士的意見也被收錄。根據 Grady 的說法，專案小組所謂「新興宗教使用的強制說服技術根本沒法定義，而且和廣告商、國民小學、主流教會、匿名戒酒會（Alcoholics Anonymous，簡稱 AA）和減重專家所使用的方法無法區分」。對她來說，講到「傷害」是「非常容易有誤導性的」；「這些內容都未經證實。或者是未經證實的報紙報導，還有尚未判決的法庭案件，而並非證據」。[18]

　　Fisher 評論這個報告「用語既不科學，本質上皆是偏見」、「有時候……其特點甚至是使用欺騙性的、間接性的說服和控制技術，而這正是它在調查的事情。」同時 Fisher 寫道「其推論很有缺陷，甚至幾

16　Thomas 1986.

17　根據Margaret Singer: Singer and Ofshe 1994, 31.

18　Grady 1987.

乎是荒謬的」。Fisher 補充說，「關於『邪教』的歷史溯源讀起來更像是歇斯底里的胡言亂語，而不是一個科學的專案報告。」DIMPAC 小組批評了「新興宗教運動」這種表述的使用，爭論說應該保留使用「邪教」一詞才更合宜。Fisher 對此評論說「這種推理絕對是我在任何地方見過的最具爭議性、最荒謬的推理，更不用說是放在 APA 的專業科學報告裡了」。[19]

在 Beit-Hallahmi 的審查意見中，他自問自答地說：「到底什麼才是欺騙和間接說服、控制？我不覺得心理學家真正懂這種說服和控制技術是什麼，不論是直接或者間接的，不管是欺騙或者實在的，我們應該承認我們根本就不知道這是什麼東西」。「這個報告沒什麼心理學理論，只訴諸八卦媒體那種煽動性的內容」。即便 Beit-Hallahmi 算是一位同情反邪教陣營的學者，也下了一個蠻極端的結論：「『洗腦』一詞不是公認的理論概念，只是一個比『邪教徒』和『靈恩復興傳教士』稍微合適一點，但很具煽動性的『解釋』而已。心理學家不應該使用它，因為它不能真正說明任何事情」。[20]

DIMPAC 的報告除上述內容外，還有一些針對部分信仰研修會和心靈課程有趣的分析，特別是新紀元運動（New Age movement），也就是一般學者稱之為「研修型宗教（seminars religion）」的各種研討和課程，而專案小組更喜歡將其稱為大型團體意識培訓（Large Group Awareness Training, LGAT）。報告的核心分別由兩個清晰呈現和充分說明的概念組成，它們是關於洗腦和反邪教團體的推論關鍵。第一個基本概念是，邪教並不是宗教，它們不應被標記為「新興宗教」或「新興宗教運動」的分類，因為使用這些術語「會導致……對極端主義邪教之偏差的警惕被弱化，也易於掩蓋邪教和非邪教團體之間的關鍵差

---

19 BSERP 1987.
20 BSERP 1987.

異。」[21]這第二個基本概念解釋如何區分邪教和宗教。專案小組將「邪教」定義為「一個團體或運動，對某人、某理念或某事表現出極大或過度的投入或奉獻，並採用不道德的操縱（即欺騙性和間接性的）說服和控制技術，用以推動達成團體之領導者的目標，有可能或者實際上會傷害其成員、他們的家人或社群」。[22]

那麼這些「不道德的操縱技術」是由什麼構成呢？根據專案小組的說法，它們包括「使之與以前的朋友和家人隔離、弱化關係，並使用特殊方法提高成員的服從度並接受暗示性指示，配合強大的群體壓力、資訊管理、壓抑個體性或進行自我或彼此批判、增加對團體的完全依賴，以及一旦離開這個團體的將產生的恐懼感等等」。[23]簡言之，「極權主義式的邪教……將在不同程度上呈現出三個要素：一、其成員對團體的認同和領導過度熱心並無條件地投入；二、對成員進行剝削性操縱；三、其成員會被傷害或有被傷害的危險」。因此，根據專案小組的說法，我們確實可以使用嚴謹的、非宗教的、世俗的和實際的標準，藉以區分「宗教」和「邪教」：「『邪教』不算是『宗教』，並非因為他們信奉的理念信條，就看他們的具體影響」。[24]

但審查者則認為，不管是邪教和宗教之間的區別（Fisher），或者用以區分「邪教」和主流教會（Grady）使用的說服方法的觀察，或是洗腦的概念（Beit-Hallahmi），都只是倡議者的偏見，超出科學接受的範圍。因為有了這些評論審查人的意見，在一九八七年五月十一日，BSERP 代表 APA 發布了一份所謂「專案小組的最終報告」的評估備忘錄。他們否定了 DIMPAC 報告，理由是它「缺乏科學的嚴謹性，也

21 DIMPAC 1986, 13.

22 DIMPAC 1986, 14.

23 DIMPAC 1986, 14.

24 DIMPAC 1986, 14-15.

缺乏若要得到 APA 批准而該有的公正的批判性研究方法」。[25]

一九八七年五月十一日的備忘錄成了很具爭議的內容，這當中有很多原因，且和大部分發生在歐洲的反邪教戰爭的第二階段（一九九〇年代）的事件有關。Margaret Singer 並沒有平靜地接受 APA 的判決，她堅信這是一場邪惡的「陰謀」的結果（Singer 總是將這個詞大寫），是由 APA 的高層和擔任邪教辯護者和倡議者的那些國際著名的新興宗教運動研究學者所策劃出來的。根據 Singer 的說法，這些被指控者都應對 APA 的一九八七年備忘錄的事件結果負全責，這群人「欺騙、存心刻意、虛偽和（或）魯莽地無視於真相，意圖欺瞞而推動這整個陰謀」。[26]Singer 和她的同事 Ofshe 並不只滿足於口頭指責，他們向紐約南區的美國地方法院提起訴訟，控告 APA、美國社會學協會和幾位學者，指控他們弄出這場「詐欺」，應該因此受到反詐欺法的制裁，而且他們原本就設想好組織性的犯罪。經過漫長而複雜的訴訟（見 Richardson 1996），在一九九三年八月九日法院裁定，反詐欺法「不能適用於學術和合法的異議行為而進行制裁」。[27]在聯邦法院敗訴後，Singer 轉而訴諸加州的法律，提出了她認為這是一場陰謀的有力證據。但她又敗訴了：在一九九四年六月十七日，James R. Lambden 法官裁定「原告針對被告行為和意圖並未提出充分證據，無法證成構成要件」。[28]

在一九九〇年代的訴訟中，Singer 本人理所當然地認為一九八七年的備忘錄構成了「對（她的）強制性說服理論的科學有效性之否

25　BSERP 1987.

26　Singer and Ofshe 1994, 30.

27　U.S. District Court for the Southern District of New York 1993.

28　Superior Court of the State of California in and for the County of Alameda 1994, 1.

決」，而且是由「APA 所論述的」。[29] 然而後來 Singer 的支持者，特別是歐洲的支持者，卻強調在備忘錄的第四段提到，「經過深思熟慮，BSERP 並不認為已經有足夠的資訊讓我們判斷，並在這個議題上表達明確的立場」。[30] 所以他們總結出備忘錄實際上並非是一個對 Singer 理論的否定，而是不接受，也不承認。但事實上，所謂 APA 拒絕「採取立場」的「議題」到底是什麼呢？當然不可能是專案小組的報告，因為事實上，備忘錄確實對之有明確立場。也絕不會是專案小組的報告，亦即那些 Margaret Singer 和當時的反邪教運動喜歡講的洗腦理論，因為它在報告中都有完整說明。因此看起來我們可以對 APA 在一九八七年的備忘錄，提出有把握的總結，一方面備忘錄認為 Margaret Singer 和當時反邪教運動提出的洗腦理論根本缺乏「科學嚴謹性」，但也為了多種的說服和操縱理論留有餘地，不如乾脆回到 Schein 和 Lifton 原始理論的模型。其實 Singer 自己也認為備忘錄明確地否定了她的理論。

在一九八七年 APA 遺留未解決的其他議題中，與質疑倡議者相關的是精神科醫師自己的「欺騙性」行為，包括一些與「前邪教徒」合作的行為。Beit-Hallahmi 寫道，在他看來，「因為心理治療本身大部分時間是（私下進行），所以更容易導致不道德的行為。我對文鮮明、奧修或山達基教沒有任何同情，但我認為，在心理學家有空挑戰各種奇怪的宗教之前，應該先清理一下自己的門戶，對社會大眾才更有交代。[31]

29　Singer and Ofshe 1994, 31.

30　BSERP 1987.

31　BSERP 1987.

四　倡議的結局：從 Molko 案到 Fishman

　　我們現在應該回頭看統一教會的 Molko 訴訟案。在一九八八年加州最高法院法官 Stanley Mosk（1912-2001）發布了一項裁決，推翻了下級法院採用 Singer 和其他人關於洗腦理論之證詞的判決。Mosk 法官認為，雖然之前有 Katz 案的判決，但是去查明一個團體是否有在進行洗腦，還是算是合乎憲法的。Molko 訴訟案的判決尚未顧及 APA 後來最新的發展。這場判決有兩個正方論點，首先，Mosk 法官認為洗腦理論雖然是很有爭議的，但也還是有權威學者支持。他寫道，「洗腦的概念是很有爭議的。但一些高知名度的權威仍然認可洗腦確實存在，並且是非常有效果的。」[32]「一些評論者還附加結論確實某些宗教團體使用洗腦技術來招募和控制成員。……反之，另外的權威人士則認為，所謂洗腦根本就不存在……或僅在與身體虐待或人身限制相結合時才有效」。[33]其次，Molko 法官提出一個質疑，即便有爭辯洗腦理論相關之證詞，並不意味著在美國這塊土地上，憲法真的有禁止洗腦這種行為，且可用以區分「好」和「壞」的宗教。因為現在有一種可能性，也就是說，「強制說服」是普遍宗教的一個特徵，則其可能受到憲法在宗教相關事務上的保護。

　　Mosk 法官在統一教特定某種傳教方式中找到了解決困境的方法（雖然這種方式如前所述，並不是統一教會的典型傳教方式）。這種方法就是 Oakland Family 多次使用的模式，因此帶來了很多爭議。多年來統一教會成員因為文鮮明是一個很有爭議的角色，所以會格外小心避免顯露出自己是文鮮明的信徒身份。所以在邀請年輕人參加他們的聚會時，甚至活動已經進行了很多天，也並未透露背後贊助他們的

32　這裡Mosk引用了Lifton和Schein。

33　Supreme Court of the State of California 1988, 54.

組織的名稱。在 Mosk 法官的判決中非常看重這一因素，案件中的兩
名原告 Molko 和 Leal 通過 Oakland Family 模式加入了統一教會。他
點出他有認知到，從「結構性」的觀點看來，參與者從統一教會主辦
的聚會所接受的「強制性影響（coercive influence）」，與初信者去天
主教修道院所經歷的沒有什麼不同。但區別關鍵是欺騙：在 Oakland
Family 模式中，參與者並不知道他們到底加入了什麼組織，至少在對
於做決定至關重要的最初幾天不知道。很明顯地天主教修會並不會用
這種方式欺騙新人。

　　根據 Mosk 法官的說法，公共安全是最首要的利益考量，這個考
量使法院跳過憲法保護宗教自由的條文。「傳聞中統一教會的這種欺
瞞行為，對『公共安全、和平或秩序』造成了巨大威脅，因此不難從
公共安全利益的角度思考這個問題……因為當一個人在知情的情況
下，並自願服從一個有關強烈說服的過程是一回事，就像一個新人進
入修道院或神學院時所承受的一樣。……但是當一個人在他不知情或
不同意的情況下卻承受強制說服就不同了」。[34]

　　雖然 Molko 的訴訟後來在庭外和解，但關於倡議者的爭議和包括
Singer 在內反邪教學者的論點，著實誤導了 Mosk 法官，讓這事件繼
續發酵。幾位研究新宗教運動的學者認為法官被誤導了，也就是把
Lifton 的極權主義理論和 CIA 有關洗腦的假說混淆了。Anthony 和其
他人就批評，雖然 Singer 號稱是引用 Lifton 和 Schein 的理論應用在
「邪教」上，但實際上 Singer 的理論基礎卻來自 Hunter 和 CIA 建立的
說法。於是學者作為倡議者的第一次對決，爆發於一九八八年的
Kropinsky 案中，哥倫比亞特區聯邦上訴法院一致推翻了其中一個下
級法院的判決，因為這個判決認可了 Margaret Singer 在一個超驗冥想
的案件中有關洗腦的證詞。根據上訴法院的說法，原告「未能提供任

---

34 Supreme Court of the State of California 1988, 60。

何證據表明 Singer 博士的理論，也就是稱為思想改造的技術，在沒有身體威脅或脅迫的情況下還會有效，這在科學界根本沒多少人採信，更不用說普遍接受了」。[35]

Singer 以掀起一場「備忘錄之戰」來回應。她聲稱，手冊中的內容並不是偏見倡議，而是公認的科學。她引用那些她自己寫入美國精神病學協會 DSMIII（American Psychiatric Association 1980, 260）診斷手冊中的簡短條目，和其他關於「恐怖分子或邪教徒的俘虜」進行「洗腦」的參考著作。Singer 的批評者則回應說，雖然 DSM-III 備忘錄是權威文本，但手冊中的簡短條目本身並不能充分證明一個有爭議的理論已經得到普遍接受。事實上，一九九四年用以取代 DSM-III 的 DSM-IV，就把不明確、無關聯且混亂的部分，有提及「邪教徒」一詞的地方刪除，儘管它保留了「洗腦」的表述，但沒有定義它，而且這是在身體上被隔離於其他場域的「囚犯」身上才適用。[36]在「反邪教戰爭」期間，寫備忘錄中的條目本身就成了一種倡議行動。Anthony[37]後來評論說，在這段時間中，Singer 有關邪教進行的洗腦的論述被引用，並且因為她的努力，讓這些內容被納入 DSM-III 的條目中，對反邪教專家來說是一個重大的突破，他們運用這一成果來辯稱他們的證詞具有理論基礎，甚至在相關的科學界是普遍被接受的。

兩個陣營之間的決定性戰役，發生在一九九〇年美國加州北區地方法院的 Fishman 訴訟案。Steven Fishman 是一個「專業的麻煩製造者」，他參加了某大公司的股東大會，在其他少數股東的支持下起訴公司，後來卻又自行簽署和解協議，讓信任他的股東空手而回。在針

---

35 United States Court of Appeals, District of Columbia Circuit 1988.

36 American Psychiatric Association 1994, 490；關於DSM和cults之戰，詳見Richardson 1993。

37 Anthony 1999, 436.

對他的欺詐訴訟中，Fishman 辯稱由於他當時是山達基教會的成員，暫時喪失理解或形成判斷之能力。因為他自一九七九年以來，一直受到山達基教的系統性洗腦。這個案子對於 Singer 和 Ofshe 來說並不好處理，他們被要求就山達基教所進行的洗腦模式提供專家證詞。其實除了山達基教與 Fishman 的欺詐活動無關之外，檢察官很輕鬆就證明被告在被介紹加入山達基教之前，就已經犯了類似的行為。儘管如此，Fishman 的辯方仍堅持要求 Singer 和 Ofshe 出庭作證。

到了一九九〇年四月十三日，D. Lowell Jensen 法官對此案作出判決。他指出這與較早的 Kropinsky 案不同，這次已有機會回顧之前近百件以上關於洗腦的文獻。和 Molko 案中 Mosk 法官所面對的情況已然不同，在 Jensen 法官的辦公桌上有大量 APA 針對 DIMPAC 專案小組評論的檔案；他還熟悉 Molko 案相關的批判性文獻；他也採納 Anthony 和精神科醫生 Perry London（1931-1992）為起訴所提供的專家意見。Jensen 法官指出洗腦理論起源於 Edward Hunter 那位記者兼 CIA 特工的說法，而且並非和 Lifton 和 Schein 提出的「思想改造理論」同時出現。雖然 Singer 和 Ofshe 曾爭辯說，他們如實地將 Lifton 和 Schein 的理論應用在「邪教」的相關問題上，但他們的主張卻「遭到了科學界的抵制」。即便 Singer 關於洗腦的部分立場被收錄在重要的精神病學備忘錄中，但也有「另外一個專業組織美國心理學會（American Psychological Association）提供的重要歷程記錄，才更能反映出科學界的主流意見。[38]

Jensen 法官回顧了 APA 的對相關事件的介入如下：「APA 在一九八〇年代中期成立 DIMPAC 小組，評估了 Singer-Ofshe 強制性說服說法的科學價值；它還「公開支持一個在強制性說服立場上和 Singer 博

---

38 U.S. District Court for the Northern District of California 1990, 12-13.

士相反的內容，並在 Molko 案提交一份簡報，主張應用洗腦理論在『邪教』上並不代表一個有意義的科學概念。」而 Jensen 法官認為這才是真相，也就是雖然 APA 隨後撤回了在上述簡報上的署名，但「事實上之所以撤回是出於程序性問題而非關其實質內容」，且很快地如事實所表明的「APA 否定了 Singer 專案小組關於強制說服的報告」。Jensen 法官回顧說，這樣類似的事件也發生在美國社會學會。因此那份文件「證實了科學社群已經反對把 Singer-Ofshe 論文應用在邪教的強制性說服議題上」。此外，Jensen 法官指出，即使 Lifton 是一位對「邪教」沒什麼同情心的學者，也對「在所謂邪教的宗教議題上應用強制說服理論表達了『保留的態度』。」[39]根據 Jensen 法官的說法，當一個科學理論要作為法律判決的基礎時，它需要被相關的群體普遍接受。在當前的情況下，不只 Lifton 博士表達了對這些理論的保留態度，而且更重要的是 Singer-Ofshe 論文還缺乏 APA 和 ASA 的正式認可。事實上，「關於所謂邪教實行強制說服的理論，並不足以被聯邦法院接納為法律證據」。[40]

　　Fishman 案的判決讓我們得出了三個重要結論。第一個是方法論上的：APA 並非僅是拒絕批准 DIMPAC 小組的報告；在一九八七年 APA 還表達了對 Margaret Singer 的洗腦理論的否定，也就是否定了那些反邪教倡議者喜歡在法庭上用來宣稱有洗腦行為的相關理論。法院指出，專業學會確實更有利於管控倡議者說法該不該被接受。

　　第二個結論是，很明顯學術界的絕大多數人反對 Singer 的理論。並且在某種程度上，這類倡議也應該被學術界的相關主流意見所規範和限制。第三個結論是，雖然 Margaret Singer 聲稱她的「反邪教」洗腦理論是來自於 Lifton 和 Schein，但事實上她的說法根本更接近 CIA

---

39 U.S. District Court for the Northern District of California 1990, 14.

40 U.S. District Court for the Northern District of California 1990, 14.

和 Hunter 的理論，而 CIA 那套說法與 Lifton 和 Schein 的專業研究有本質上的差異，在科學界並未享有很高的可信度。這就暗示，倡議者不應將時下流行或坊間說法視為科學。

　　Lifton 和 Fishman 在洗腦問題的立場上，提供了兩種不同的倡議模式。Lifton 反覆公開支持反邪教運動不少次，但他拒絕出庭。在一九九五年 Lifton 為 Singer 的暢銷書《膜拜團體（邪教）就在我們當中[41]（*Cults in Our Midst*）》寫了一份三頁的序言，文字開頭就聲明：「Margaret Thaler Singer 在她非凡的作品中，展現對邪教心理學獨樹一幟的知識」。不過在開頭讚美完後，Lifton 接著做出了一系列澄清，指出「某人的邪教，有時卻理所當然是另一個人的宗教」，因此任何的通則化都是危險的。[42]由於 Lifton 一直堅持自由主義者的政治觀點，因此他對新興宗教運動的「極權主義」氛圍幾乎沒有任何同情。毫無疑問，Lifton 同意為之撰寫序言這一事實，對 Singer 還是帶來一個重要的「政治」助益。然而，Lifton 總是對他思想改造理論的侷限性抱持謹慎態度，並對其在法庭案件中的有效性非常保留。他對「邪教」有其強烈的政治立場，但他的倡議從未使他忘記要懂得區別，哪些是從他的政治激情而來的事物，什麼又是真的能被當成主流科學呈現的東西。

五　Fishman 案之後：對話中的倡議者

　　Fishman 案的判決對英語系國家產生了深遠的影響，這導致 Singer 和其他反邪教倡議者更難在法庭上針對洗腦問題作為專家證人。去洗腦

41　Lifton 1995, XI-XIII.

42　Lifton 1995, XI-XIII.

行動也越來越少，即使在地方法院也一樣，許多去洗腦者在民事訴訟中敗訴，有些甚至還被送進監獄。不過後來的某些判決還是在不同程度上和 Fishman 案有不同的結果，所以 Fishman 案的判決，並非真的一次就宣告了所有反邪教法律倡議的死刑，時至今日它仍是一個重要的先例，因為在美國確立了這個判例帶動了一系列事件而打擊了去洗腦者的活動，甚至還包括終結了警惕邪教網（Cult Awareness Network, CAN）這個團體。警惕邪教網在轉介一個家庭給去洗腦者的時候被當場抓獲，因而被處以巨額罰款，以至於被迫申請破產。一九九六年，法院指定的破產受委託人在拍賣會上出售了 CAN 的檔案、其名稱及其登記註冊，它被賣給了以山達基教會成員為首的行動者聯盟。在成為商標的合法所有人後，行動者聯盟組織制定了一個「新 CAN」，它提供的信息顯然與過去舊 CAN 所提供的南轅北轍。

另一方面，在美國以外的地區，Fishman 案並沒有對有關「邪教」和洗腦的案件產生顯著的影響。雖然認同洗腦理論的反邪教學者，和對洗腦理論懷有敵意的新興宗教學者之間的激烈對抗，在 Fishman 案後很少再出現在美國法庭上（雖然它也還沒有完全消失），但它們在歐洲土地上繼續存在著，像是在英國、比利時、法國、瑞士和俄羅斯的訴訟中，其中部分案件都直接牽涉到 Singer（在她於二〇〇三年去世前）和一些她最活躍的批評者，像是 Anthony 和 Barker。

在歐洲，此類案件中專家證人的角色，不如像在美國那般廣為人知，也比較沒有明確的規則去規範，而且那些出庭作證的人，經常受到同事和媒體的批評，因此很少有學者願意擔任有關「邪教」訴訟案件的證人。就個人而言，我在三個案件中被傳喚為專家證人，分別是有關法國的耶和華見證人和山達基教會，還有瑞士的統一教會。我同時向法庭和媒體澄清，自己是在沒有接受任何補償或酬金的情況下作證的，也預期我會因此受到批評。

　　這些在歐洲發生的爭議，[43]促成了一個有關倡議本身的國際辯論，這場辯論關係到當社會學家成為美國法庭專家證人時，衍生出來的倫理問題，[44]也會辯論新興宗教運動和洗腦的部分，[45]一些比較溫和的「邪教」批評者和傳統上反對「洗腦」理論的新興宗教運動學者，逐漸嘗試和解和對話。例如，後者中的一些學者參加了反邪教美國家庭基金會，而反對「邪教」陣營中的一些學者則參加了由CESNUR贊助或共同贊助的活動。[46]

　　在最近的對話中，出現了有希望克服過去被視為偏見倡議的方法，就是重新審視具體影響和理念信條之間的區別。當然，學者從不忽視教義，而且總是對新興宗教運動所信仰的內容感興趣。但是他們仍然非常不願意以任何方式，直接接受對信條的簡化描述，因為對教義的任何評價或評論都可能意味著價值判斷，而社會科學在定義上應為價值無涉的。另一方面，抱持不同觀點學者之間的對話結果，以及「九・一一」事件的發生（911事件產生了許多宗教與暴力之間關係的重要研究），都呈現出特定教條會比其他思想更能激化出一些特定行為。就像理性選擇學派的社會學家，以分析教義判斷傳教成果一般，不同脈絡下，教義分析被視為一種有用的預測工具，用於預測可能的，或將會有的暴力行為。

　　那些原本合法的說服模式，只有被用於宣傳合理化非法行為的教義上，才有可能出現暴力。而且實際的違法行動，有可能是因外部環境所觸發的。與宗教運動有關的潛在非法活動，並不僅限於暴力或恐

43　文獻綜述詳見Anthony和Introvigne 2006；Richardson and Introvigne 2001。

44　Jenkins and Kroll-Smith 1996.

45　Richardson 1996；另見Richardson 1998。

46　the Center for Studies on New Religions（新宗教研究中心），為一個廣泛發表反對洗腦理論的機構，其聯合創始人兼董事總經理是本文的作者。

怖主義，也有性剝削、欺詐和欺騙。對信條的教義分析將有機會提供有益的預防資訊。例如，如果一項運動教導人說，不擇手段來增加會員都是可以接受的，那麼隨著時間的推移，這個團體就更有可能會出現詐欺行為。

　　漸漸地，有關說服方法的相關研究，不再僅限於二十世紀晚期出現的那種洗腦爭議和極端偏見的倡議。許多新興宗教運動的學者逐漸同意，一些「強而有力」的說服方法只要其內容結合了連學者也不會接受的內容，像是宣揚欺詐或者暴力，就有可能對大眾社會構成危險。

　　傳教士和神學家可以認為某信條是「真」或「假」，判斷它不可被接受，這是他們的日常和合法的活動。然而，這不屬於社會科學領域，也不屬於現代世俗國家的執法範圍。反之，學者和國家公部門都可以，甚至應該，藉由分析宗教傳達教義的過程，預測哪些宗教是更有可能煽動信徒做出不道德，甚至犯罪的行為。研究說服技巧、內容和其可能的未來行為之間關聯性的理性分析，可能會引起學術界的興趣，像是溫和的「邪教」反對者、執法當局，甚至那些從哲學或神學角度批評「邪教」的人。當然研究的範圍界限仍應有所限制，現在這只是剛邁出的一小步，卻也是首次出現、適當的第一步，它能夠避免過度倡議，並使那些抱持不同觀點的學者，有了進行真正對話的可能性。

參考書目

American Psychiatric Association. 1980. *Diagnostic and Statistical Manual of Mental Disorders (DSM-III)*. 3rd ed. Washington, DC: American Psychiatric Association.

American Psychiatric Association. 1994. *Diagnostic and Statistical Manual of Mental Disorders (DSM-IV)*. 4th ed. Washington, DC: American Psychiatric Association.

American Psychological Association. 1987a. "Brief Amicus Curiae in the Supreme Court of the State of California. Case No. SF 25038. David Molko and Tracy Leal vs. Holy Spirit Association for the Unification of World Christianity et al." Accessed February 10, 1987. http://www. cesnur.org/testi/molko_brief.htm.

American Psychological Association. 1987b. "Motion of American Psychological Association to Withdraw as Amicus Curiae. In the Supreme Court of the State of California. Case No. SF 25038. David Molko and Tracy Leal vs. Holy Spirit Association for the Unific-ation of World Christianity et al." Accessed March 27, 1987. http:// www.cesnur.org/testi/molko_motion.htm.

American Psychological Association. 1989. "Memorandum on APA Activities Regarding the Molko Case." Accessed July 12, 1987. http://www.cesnur.org/testi/APA_memo89.htm.

Anthony, Dick. 1990. "Religious Movements and 'Brainwashing' Litig-ation: Evaluating Key Testimony." *In Gods We Trust: New Patterns of Religious Pluralism in America*, 2nd ed., revised and expanded, edited by Thomas Robbins and D. Anthony, 295-341. New Brunswick, NJ: Transaction Publishers.

Anthony, Dick. 1996. "Brainwashing and Totalitarian Influence: An Exploration of Admissibility Criteria for Testimony in Brainwashing Trials." PhD diss., Berkeley: Graduate Theological Union. Religion 317.

Anthony, Dick. 1999. "Pseudoscience and Minority Religions: An Evaluation of the Brainwashing Theories of Jean-Marie Abgrall." *Social Justice Research* 12 (4): 421-456.

Anthony, Dick, and Massimo Introvigne. 2006. *Le Lavage de cerveau: mythe ou réalité?* Paris: L'Harmattan.

Barker, Eileen. 1984. The Making of a Moonie: Choice or Brainwashing? Oxford: Basil Blackwell.

BSERP (Board of Social and Ethical Respon-sibility for Psychology of the American Psychological Association. 1987. "Memorandum to the Members of the Task Force on Deceptive and Indirect Methods of Persuasion and Control." Accessed May 11, 1987. http://www.cesnur.org/testi/ APA.htm.

Court of Appeals of California (First Appellate District, Division One). 1977. "Opinion (Sims, Acting P.J.). Civ. No. 41045. Jacqueline Katz et al. v. The Superior Court of the City and County of San Francisco". October 6, 1977. 73 Cal. App. 3d 952, 969-70. http://law.justia.com/cases/california/calapp3d/73/952.html.

DIMPAC (American Psychological Association Task Force on Deceptive and Indirect Techniques of Persuasion and Control). 1986. "Report of the APATask Force on Deceptive and Indirect Techniques of

Persuasion and Control." http://www.cesnur.org/testi/DIMPAC. htm.

Grady, Catherine. 1987. "Opinion." Enclosed with BSERP 1987. Copy in the archives of CESNUR (Center for Studies on New Religions), Torino, Italy.

Hunter, Edwards. 1951. Brain-Washing in Red China: The Calculated Destruction of Men's Minds. New York: The Vanguard Press.

Jenkins, Pamela J., and Steve Kroll-Smith, eds. 1996. Witnessing for Sociology: Sociologists in Court. Westport, CT: Praeger.

Lifton, Robert Jay. 1961. Thought Reform and the Psychology of Totalism: A Study of "Brainwashing" in China. New York: W.W. Norton & Company.

Lifton, Robert Jay. 1995. "Foreword." In Cults in Our Midst, edited by Margaret T. Singer and Janja Lalich, XI-XIII. San Francisco: Jossey-Bass.

Richardson, James T. 1993. "Religiosity as Deviance: Negative Religious Bias in and Misuse of the DSMIII." *Deviant Behavior: An Interdisci-plinary Journal* 14 (1): 1-21.

Richardson, James T. 1996. "Sociology and the New Religions: 'Brainwashing', the Courts, and Religious Freedom." In Witnessing for Sociology: Sociologists in Court, edited by Pamela J. Jenkins and Steve Kroll-Smith, 115-137. Westport, CT: Praeger Richardson, James T. 1998. "The Accidental Expert." Nova Religio: *The Journal of Alternative and Emergent Religions* 1 (2): 31-43.

Richardson, James T., and Massimo Introvigne. 2001. " 'Brainwashing Theories' in European Parliamentary and Administrative Reports on 'Cults' and 'Sects'." *Journal for the Scientific Study of Religion* 40 (2): 143-168.

Sargant, William W. 1957. *The Battle for the Mind: A Physiology of Conversion and Brainwashing*. London: Heinemann.

Scheflin, Alan W., and Edward M. Opton, Jr. 1978. *The Mind Manipulators: A Non-Fiction Account*. New York: Paddington.

Schein, Edgar T., Inge Schneier, and Curtis H. Barker. 1961. Coercive Persuasion: A Socio-Psychological Analysis of the "Brainwashing" of American Civilian Prisoners by the Chinese Communists. New York: W.W. Norton & Company.

Shupe, Anson D., and Susan E. Darnell. 2000. "CAN, We Hardly Knew Ye: Sex, Drugs, Deprogrammers' Kickbacks, and Corporate Crime in the (Old) Cult Awareness Network." Paper presented at the 2000 Meeting of the Society for the Scientific Study of Religion, Houston, Texas, October 21, 2000. http://www.cesnur.org/2001/CAN.htm

Shupe, Anson D., and Susan E. Darnell. 2006. *Agents of Discord: Deprogramming, Pseudo-Science, and the American Anticult Movement. New Brunswick*, NJ: Transaction Publishers.

Singer, Margaret T., and Janja Lalich. 1995. *Cults in Our Midst*. San Francisco: Jossey-Bass.

Singer, Margaret T., and Richard Ofshe. 1994. "Summons and Complaint Against the American Psychological Association et al." Filed with the Superior Court of the State of California in and for the County of Alameda on January 31, 1994. Copy in the archives of CESNUR (Center for Studies on New Religions), Torino, Italy.

Superior Court of the State of California in and for the County of Alameda. 1994. "Order (Lambden J.). Case No. 730012-8. Margaret Singer et al. vs. American Psychological Association et al." Accessed June 17, 1987. http://www.cesnur.org/testi/singer.htm.

Supreme Court of the State of California. 1988. "Opinion (Mosk J.). Case No. SF 25038. David Molko and Tracy Leal vs. Holy Spirit Association for the Unification of World Christianity et al." October 17, 318 M. Introvigne 1988. 46 Cal.3d 1092, 762 P.2d 46; 252 Cal.Rptr. 122. http://www.fordgreene.com/lit/molko-46-cal.3d-1092.html.

Thomas, Dorothy. 1986. "Letter from Dorothy Thomas, Executive Assistant, BSERP." December 29, 1986. Copy in the archives of CESNUR (Center for Studies on New Religions), Torino, Italy. United States Court of Appeals, District of Columbia Circuit. 1988. "Opinion (Buckley J.). Case Nos. 87-7033, 87-7060. Robert Kropinsky v.World Plan Execution Council - U.S. et al." 853 F.2d 948; 272 U.S. App.D.C. 17, 13; Fed.R.Serv.3d 335, 26; Fed. R. Evid. Serv. 792. https://bulk.resource.org/courts.gov/c/F2/853/853.F2d.948. 87-7060.87-7033.html.

U.S. District Court for the Northern District of California. 1990. "Opinion (Jensen J.). Case No. CR-88-0616 DLJ. United States v. Steven Fishman." April 13, 1990. 743 F.Supp. 713 (1990). http://www. leagle.com/xmlResult.aspx?xmldoc=19901456743FSupp713_11 345.xml&docbase=CSLWAR2-1986-2006 U.S. District Court for the Southern District of New York. 1993. "Order. Case No. 92CV6082. Margaret Singer and Richard Ofshe vs. American

Psychological Association." August 9, 1993. 1993 W.L. 307782 S.D.N.Y.

West, Louis Jolyon. 1989. "Persuasive Techniques in Contemporary Cults: A Public Health Approach." In *Cults and New Religious Movements* edited by Marc Galanter, 165-192. Washington, DC: American Psychiatric Association.

貳　新興宗教和暴力關係導論
——類型學的研究*

一　導論

　　這期 *JRV* 期刊將致力於研究新興宗教和暴力之間的關係。新興宗教在本質或潛質上，是否比傳統宗教更暴力，過去已經被討論了數十年之久。但這個討論在一九九三年的韋科慘案（Waco tragedy or Waco siege，又稱大衛教慘案）之後變得更為急迫。一九九三年 FBI 圍攻美國大衛教派（Branch Davidians）在德州韋科的總部，最終造成了這個新興基督教派八十名成員喪生，其中包括二十二個兒童。[1] FBI 的危機應變小組（Critical Incidents Response Group）開始研究韋科究竟出了什麼問題？並尋求研究新興宗教的學者的學術合作。

　　一九九九年，[2]我在弗雷德里克斯堡、維吉尼亞州協辦並主持了一個專屬 FBI 探員的研討會，與會者 Eileen Barker、J. Gordon Melton、James T. Richardson、Catherine Wessinger、Susan Palmer，以及 Jane Williams-Hogan（1942-2018）都有發言。在那場研討會中，學者們很快清楚了 FBI 探員們想知道的是，在數百個新興宗教中誰最可能有暴力傾向而應該受到監管。學者們當時提出各種暫定的標準，探員們與

---

* 本文翻譯自Massimo Introvigne, Introduction—New Religious Movements and Violence: A Typology, *Journal of Religion and Violence*, Vol. 6, No. 3 (2018), pp. 315-327.

1　詳見Wright 1995; Wessinger 2017。

2　Barkun 2002, 103.

部分學者之間的討論持續了數年，但是 FBI 的作法到底實際上有多少程度受到這些學者影響是有爭議的。[3]

自二〇〇一到二〇〇二年，幾位來自歐洲和美國，研究新興宗教運動的頂尖學者（包括簽署人）參與了一個名為「新興宗教、宗教和暴力」，由 David Bromley 和 J. Gordon Melton 領導的計畫。這當中進行了幾場研討會、論壇，在二〇〇二年以劍橋大學出版社出版了和計畫同名的專書結束了整個計畫。[4]這個計畫內容也確實有收入更早之前 FBI 和部分學者之間的對話，但不只限於那些已經討論過的議題。過去一般認為，新興宗教在本質上並未比主流宗教更暴力。然而，某些新興宗教確實也容易有暴力傾向，但這中間通常是多種原因造成的，在某些案例中，有可能是社會壓迫特定新興宗教的結果使然。

從二〇〇二年至今已經十六年過去（二〇一八年），針對這整個議題應該要有新的觀點。太通則性的論述有可能會是一種誤導，由此出發，在 Jim Lewis 二〇一一年編輯了一本有價值的專書之後，[5]*JRV* 期刊則隨之聚焦在案例研究。在此以新興宗教和暴力之間的可能性分析之類型學研究作為導論是有益的。我將聚焦在有致命危險的暴力行為上，亦即謀殺或殺人未遂，當然也還有其他種形式的暴力曾經發生過，像是毆打成員和反對者，或是性暴力。

二 新興宗教所犯下的暴力行為

毫無疑問地，新興宗教當中確實發生過不少暴力行為。雖然新興宗教並不比其他形式的宗教更有暴力傾向，但新興宗教也未能完全和

3 　詳見Johnson and Weitzman 2017.

4 　Bromley and Melton 2002.

5 　Lewis 2011.

暴力行為撇清關係。我們會區分四個主要的類型，在每一個類型以及隨後的段落中，各提供幾個案例，但這並不代表就已經完整地呈現所有的可能。

（一）暴力攻擊自己的成員

大部分新興宗教都是對他們自己的成員施暴。「集體自殺（Mass suicide）」可能是一個誤導性的類別，因為所謂的「集體自殺」中，雖然有些人是自殺，但也有部分受害者（包括兒童）是被殺害的。[6]此類別當中的著名事件分別是「一九七八年蓋亞那瓊斯鎮的人民聖殿教（Peoples Temple）」、「一九九四至一九九七年間，在瑞士、法國和加拿大魁北克的太陽神殿教（Order of the Solar Temple）」、「一九九七年加州聖塔菲牧場的天堂之門（Heaven's Gate）」、「二〇〇〇年在烏干達的上帝十誡復古運動（the Restoration of the Ten Commandments of God）」。雖然他們規模龐大，但這些事件大體而言都不算是典型的新興宗教。反邪教論者說，各個有爭議的新興宗教將會是「另一個瓊斯鎮（another Jonestown）」，只能算是一種宣傳聽聽就好。[7]

除了「集體自殺」的極端情況，新興宗教也可能對自己的成員施暴。在本期 *JRV* 期刊中，Liselotte Frisk 探討了瑞典 Knutby Filadelfia 教的案例。在二〇〇四年這個宗教的一名女性成員被殺，一名男性成員重傷。Knutby Filadelfia 的一名女性成員因犯下這些罪行而被判為有罪，其中一名牧師則被判定是教唆者。

一九八八年，義大利的天主教邊緣團體玫瑰經會（the Rosary Group）的領袖，聲稱收到了天主的命令，要殺死一名修會的成員，因為撒旦藏在他的體內。他被開了十二槍打死，這表示耶穌基督的十

6　Introvigne and Mayer 2002.

7　Introvigne 2018d.

二使徒每人給一槍的意思。[8]

　　二〇〇六年，也是在義大利，撒旦野獸教（Beasts of Satan）的八名成員，他們從死亡金屬樂團（Death Metal）轉型成為一個小規模撒旦教的團體。後來因為三起凶殺案被判長期監禁。三名受害者都是他們撒旦野獸教當中的成員，都是在啟示中被撒旦親自選出，並進行獻祭。[9]

（二）攻擊批評者

　　新興宗教針對反邪教人士、或直言不諱的前成員和批評者所發動的暴力行為，也是時有耳聞。惡名昭彰的日本奧姆真理教領導人早在一九九五年的東京沙林毒氣襲擊事件之前，就展開了他們的犯罪行動。他們在一九八九年殺害了反邪教律師坂本聰（Tsutsumi Sakamoto, 1956-1989）及其妻兒。還有其他反對者，以及忠誠度被懷疑有問題的成員，也都被殺害了。[10]

　　美國的新宗教 Synanon，則在一九七八年，試圖藉由在反邪教律師 Paul Morantz 的郵箱中放一條響尾蛇謀殺他。[11]韓國新宗教「永生教上帝的聖會勝利祭壇（Victory Altar，영생교 승리 제단）」的教主曹熙星（조희성，1931-2004）於二〇〇四年因煽動謀殺六名強烈反對其團體的前宗教成員，而在一審被判處一級死刑。這個判決在上訴後被推翻，不過曹熙星在最高法院給出最終判決前就死了。[12]

（三）攻擊敵對的宗教人士

　　和新興宗教相比較，信徒之間最血腥的衝突主要和傳統宗教有

8　Gianotti and Pazzi 1992.

9　Introvigne 2016, 545-550.

10　Reader 2000, 149-152.

11　Janzen 2001, 135-136.

12　Introvigne 2017.

關。新興宗教通常還缺乏社會資源和足夠的信徒人數，去大規模地暴力攻擊那些有能力還手報復的敵對團體。不過，不同新興宗教間的暴力衝突還是時有所見。在二〇〇六年，中國新興宗教三班僕人（Three Grades of Servants）的創始人徐文庫（1946-2006）和三位領導人因為二十起凶殺案而被判處死刑後遭處決，其中大部分死者是另一個新興宗教全能神教會（The Church of Almighty God）的成員。儘管中國的判決有其政治動機，澳大利亞學者 Emily Dunn 仍認為，三班僕人的領導人下命令要「把全能神教會的成員活埋、勒死、刺傷和毆打（致死），因為他們讓許多徐文庫的追隨者改信全能神教會是有罪的」。[13]

（四）攻擊整體國家和社會

部分的新興宗教組織武裝革命，嘗試控制部分國土，甚至整個國家，藉以建立一個末世的千年王國。中國的太平天國革命和韓國的東學之亂最後都以數十萬甚至數百萬人傷亡告終，當然晚近的史學家會說他們的革命動機並非只是宗教性的原因。[14]在其他的案例中，新興宗教所創立的「和平烏托邦公社」被政府攻擊，甚至隨後演變成戰爭。在一八九六到一八九七年，巴西政府發起軍事行動攻擊一名鄉村先知 Antonio Conselheiro（1830-1897）在卡努杜斯、巴伊亞州建立的公社，最後他在戰爭的尾聲被殺，也造成了兩萬人以上的傷亡。[15]這個悲劇是一諾貝爾文學獎得主、秘魯作家馬利歐・巴爾加斯・尤沙（Mario Vargas Llosa）的小說「末日之戰」（*The War of the End of the World*）的主題。[16]

---

13 Dunn 2015, 47.

14 Rhee 2007.

15 Levine 1995.

16 Vargas Llosa 1984.

　　有一些新興宗教則實際參與了恐怖行動。最著名的案例就是前述的奧姆真理教，它於一九九五年在東京地鐵中使用沙林毒氣發動攻擊，造成十二名乘客死亡、數百人受傷。這次死亡攻擊襲擊的動機究竟為何尚有討論的空間，有說是為了使日本警方對其宗教所犯下的其他罪行轉移注意力；也有說是奧姆真理教的悖論神學中神秘的末世預言；還有解釋說是因為信徒們認為這可以拯救世界免於即將到來的厄運。[17]

　　一九八四年俄亥俄州的奧修（Rajneesh, 1931-1990）之信徒在奧勒岡州沃斯科郡，當地餐館的沙拉吧投放沙門氏菌，[18]地點位於他們建立的公社「羅傑尼希社區」（Rajneeshpuram）。但比起有什麼神秘目的，其實只是很普通的一個原因，就是不讓當地選民參與選舉，以便讓公社自己的候選人勝選。

三　針對新興宗教的暴力

　　其實攻擊新興宗教的暴力事件並不比新興宗教所犯的暴力事件少，在此我們可以將之區分為幾個類型。

（一）信徒成員的暴力

　　如前所述，新興宗教的信徒也可能會被同一個團體的成員所殺。有時候是宗教領袖處罰或者教唆殺死信徒。同樣也有發生過信徒殺死領導者的狀況，通常是在發生了領導權鬥爭的時候。像奉行摩門教「原教旨主義」而施行一夫多妻制的地方就發生過幾次類似動盪不安的事件。[19]

17　Lifton 1999.

18　Carter 1990, 202-257.

19　詳見e.g. Bradlee and Van Atta 1981.

　　宗教內部的分裂也可能產生暴力，雖然批評者偶爾會誇大這些事件的程度。當韓國新興宗教大巡真理會（Daesoon Jinrihoe）領導人朴漢慶（박한경，根據其宗教傳統採用的農曆生卒年為一九一七至一九九五，陽曆為一九一八至一九九六）去世後，不同派系的成員發生了激烈的衝突，他們除了爭奪領導權之外，也爭論朴漢慶到底是神還是只是一個啟蒙人心的導師的問題。多虧警方不斷介入，才避免了更嚴重的後果。[20]

（二）從反邪教者來的攻擊

　　我在其他地方有討論過反邪教者如何從言語暴力深化成為肢體暴力來攻擊他們認為是「邪教」的團體。舉例來說，在一九九〇年代後期的法國「反邪教戰爭」的期間，統一教會和阿根廷新興宗教新衛城（New Acropolis）的當地分部都被炸彈攻擊。[21]

　　反邪教者的煽動性言語也可能會引起暴力攻擊，最近一些山達基教會的案件證實了這一點。教會公布了多次的攻擊事件，或者企圖攻擊教會建築和領導人的文件內容。在洛杉磯，一名男子以向玻璃窗投擲錘子方式攻擊山達基總部，他宣稱想殺死該教會領袖 David Miscavige。在德州奧斯汀，一名婦女開車撞向當地山達基教會的大廳。犯下這兩項罪行之人都聲稱他們被電視節目說服了，尤其是「Leah Remini」的電視節目：山達基教會和其後發展。女演員 Leah Remini 同時也是前山達基教成員 Leah Remini 指出山達基教是邪惡的，有志公民應該親手藉由法律停止他們的行為。另外有些人可能會懷疑這些事件的真實性，因為山達基教會自己的網站上也有相關報導，不過這些網站引用和複製了警方報告，和其他官方文件的照片。

---

20 Introvigne 2018a, 32.

21 Introvigne 2000.

聳動的反山達基教言論也促使一位青少年，在二〇一九年一月三日，進入澳大利亞雪梨山達基教會的場所，表達他對母親參加教會活動的不滿。當他被押送出大樓時，他刺死一位山達基教徒，也造成另一人重傷。[22]

（三）從敵對宗教人士來的攻擊

如前所述，中國新興宗教三班僕人曾對另一個新興宗教全能神教會成員犯下罪行，全能神教會成了受害者。然而，更常見的情況是主流宗教的成員教唆或直接對新興宗教採取暴力攻擊。

浸信會並不是新興宗教，但當他們的傳教士在十九世紀首次出現在義大利時，也被認為是新興宗教。一八六六年，在義大利南部的 Barletta 鎮，當地的天主教神職人員聲稱浸信會的存在造成了飢荒和霍亂盛行，這是天主公義之怒的審判，天主教神職人員也煽動民眾驅逐異教徒。結果五名浸信會教徒在之後的暴動中被殺，還牽連一名被誤認為是浸信會教徒的天主教徒。[23]最近在東歐（俄羅斯、保加利亞、羅馬尼亞），東正教神父也有煽動並支持攻擊耶和華見證人的暴徒，毆打參加敬拜的人並破壞他們的聚會場所。[24]

（四）來自政治當局的攻擊

新興宗教同時被極權政府和民主政府反覆地禁止和迫害，很多次都鬧出人命。[25]一八七八年在義大利，憲兵突襲了托斯卡納阿米亞塔山上當地名為 Giurisdavidic Religion 新興宗教的公社，殺死了其創始

---

22 Duffin 2019.

23 Maselli 1974, 228-238.

24 詳見e.g. Credo.ru 2017.

25 Introvigne 2018e.

人 Davide Lazzeretti（也拼寫為 Lazzaretti, 1834-1878）和他的三名追隨者，另外還有一百五十人受傷。[26]

中國的統計數據常常是有爭議的，而且在中國新興宗教（包括法輪功和全能神教會）會以「邪教 xie jiao」之名被政府禁止（該措辭在英文中會被譯成「邪惡的宗教 evil cults」，但實際意思是「非正統、異端思想 heterodox teachings」）。新興宗教譴責中國執行過數十起非法處決，和疑似殺死被拘留的宗教領導人和成員（儘管中國政府當局否認這些事情實際上發生過）。[27]

現代的民主政府也未能豁免於這些指控，美國大衛教派一九九三年的德州韋科慘案，[28]還有費城案都是證據，費城的當地警察在一九八五年炸了 MOVE 組織，造成十一人死亡（包括五名兒童），這場大火中燒毀了整個城市街區，造成約兩百五十人無家可歸。

四　新興宗教的真實暴力行為 VS 歸咎於新興宗教的暴力行為

新興宗教也常被莫須有的罪名指控。在這個段落，再次透過類型學分析不同的可能性。

（一）想像出來的罪行

有些被歸咎於新興宗教的罪行根本是想像出來的。其實根本沒人做過，只是惡評者想像、虛構出來的東西。歷史上的例子像是羅馬帝國時代的基督徒被指控有人吃人和會在儀式中屠殺和吃掉兒童（這是

---

26 Tedeschi 1989.

27 Irons 2018; Human Rights Without Frontiers 2018.

28 Wright 1995; Wessinger 2017.

對基督宗教聖餐，或稱聖體聖事的誤解而產生的謠言），還有在中世紀的女巫和異教徒會被說成是與魔鬼交配，還會把年輕男孩和女孩獻祭給魔鬼。

雖然歷經中世紀和近代早期的女巫狩獵，在二十世紀後期的西方世界，仍然出現了大量誣陷新興宗教犯罪的現象。由於社會籠罩在反覆發生的撒但儀式暴力事件的恐懼中，數千名真實或據稱是撒旦的信徒，被指控以撒旦之名虐待或殺害兒童。有些人進了監獄經過多年的監禁和痛苦之後，才被無罪釋放。在二十世紀的最後十年，學者們努力說服了大多數法院和政府當局，告知大家撒旦罪行的指控大多是虛構的，但部分案件還是時不時會出現。[29]

（二）合法行為卻被定義成犯罪

法律條文也有可能會把「邪教成員」定為有罪或一種「極端主義」的存在，藉此將原本合法的宗教自由行為判為犯罪。[30]針對新興宗教成員的偏見也會發生，這種偏見也同時影響之後相關的法律判准。一個類似的案例，像是 Chas Clifton 在本期 *JRV* 期刊中有提到。一九七七年德州卡斯特羅郡（Castro County）的兩名威卡教（Church of Wicca）成員被控謀殺。但最後陪審團認定該謀殺案算是合法的自我防衛。

（三）其他人士所犯的罪行

因為政府當局和社會的敵意，新興宗教的成員可能會被誣告各種事實上是其他人所犯下的罪行。常有的一種情況是，新興宗教受到當局的嚴重迫害，其成員被控告的犯罪內容其實是由另一個更小的新興宗教之另一人犯下的罪行。二〇一四年在中國山東招遠市發生的麥當

---

29 Introvigne 2016; Victor 1993; La Fontaine 1998.
30 像最近在俄羅斯發生的事情，見Kravchenko 2018.

勞謀殺案，即是屬於這類型，該案在本期 *JRV* 期刊中我的另一篇文章中曾提到。

在充滿對撒旦教恐慌的年代，就有幾起自封撒旦教徒或涉足神秘學的年輕人被逮捕和判刑的案例，但事實上也是其他人犯下的罪行。最著名的案件之一是一九九四年在阿肯色州的「西曼菲斯三人組（West Memphis Three）」，三名據稱是「撒旦教」的青少年因為「撒旦式的」謀殺三名男孩被判終身監禁。[31]到了二〇一〇年，阿肯色州最高法院接受了新的法醫證據，證明罪行其實是他人所為，到了二〇一一年他們三人達成認罪協商，並在沒有修改他們的判決的情況下被釋放，這應該會讓警方和檢察官感到難為情。這三個人因為別人犯的罪而入獄長達十八年之久。[32]

（四）動物「犯下」的罪行

在這類型中，還包括動物「犯下」的罪行，這可能看來奇怪，但在新興宗教成員被不公平指控的狀況中，動物確實曾是真正的罪魁禍首。美國學者 J. Gordon Melton 曾撰寫過一九八〇年代的撒旦教徒被指控如何在美國農村殺害和殘害動物。被當成殺戮證據的「精確切痕」，實際上根本是由流浪狗和其他食肉動物鋒利的牙齒造成的。[33]

一九八〇年在澳洲又發生了更嚴重的事件，當時一對基督復臨安息日會（Seventh-day Adventist Church）信徒被指控在儀式上謀殺自己兩個月大的女嬰。其實我不會把基督復臨安息日會視為新興宗教，但在一九八〇年澳洲農村許多人是這麼認為的，有些人甚至認為復臨

---

31 其中一人事實上是被判死刑，只是處決被無限期地延後了。

32 Leveritt 2002. Leveritt's book inspired the 2013 movie Devil's Knot, directed by Atom Egoyan.

33 Melton 1986.

會信徒會進行奇怪的兒童獻祭的儀式。在一九八二年嬰兒的母親被判終身監禁。因為全國都對她不公平的判決提出強烈抗議，她在一九八六年假釋出獄。但是到了二〇一二年，距離她當初被定罪的三十年後，澳洲司法部門最終得出結論，那孩子其實是被一隻澳洲野犬叼走而死的，正如那對父母一直所堅持的說法一樣。[34]這個故事在一九八八年被改編成電影《暗夜哭聲（A Cry in the Dark）》，由梅莉・史翠普（Meryl Streep）飾演被指控的母親。

（五）政府當局、公部門所犯下的罪行

政府當局可能會試圖將他們自身犯下的罪行，加諸在非主流的新興宗教身上。最早的典型案例是西元六十四年羅馬的大火。羅馬帝國皇帝尼祿（西元37-68年）聲稱基督徒縱火燒羅馬城，把這個多數人認為是尼祿自己犯下的罪行推給基督徒。[35]今天的歷史學家相信皇帝也許不需要對火災負責，火災可能是一場意外，但很明顯他控訴基督徒犯罪時，他知道基督徒根本就沒做那些事情。[36]

還有我本人曾經親自參與的一件令人毛骨悚然、有關一個年輕的義大利女孩 Serena Mollicone（1982-2001）被害的謀殺案。二〇〇一年的六月三日，她的屍體在義大利中部 Frosinone 省 Arce 附近的樹林裡被發現。女孩是如何被謀殺的，其屍體如何被棄置的，都暗指可能和一些撒旦教儀式謀殺有關。接著就有人來到我在一九八八年創立的新宗教研究中心 CESNUR 諮詢此案與撒旦教徒的可能的關聯。我們並未被說服認為撒旦教有涉案，而且這案子在尚未提告前社會大眾的關注熱度就沒了。到了二〇一八年，根據新的法醫證據，地方檢察官

---

34 Coroners Court, Darwin, NT 2012.

35 Introvigne 2018c.

36 見 Champlin 2003。

對此案重新展開調查，接著聲稱所有線索都指向此罪行其實是由當地軍警人員所犯下的，他們當時正在進行一場毒品集團交易，小女孩最不幸地就是她居然目擊了一切，讓這些人認為她之後可能會揭露這些罪行。他聲稱，Serena 是在 Arce 的軍警局被殺的。

　　然後她的屍體被移動到樹林裡，佯裝成與「撒旦」式謀殺的形象吻合。[37]

五　結論

　　本篇類型學研究表明，新興宗教與暴力之關係的議題，是複雜且很有難度的。並沒有證據指出新興宗教會比主流宗教團體更有暴力傾向的可能。只有少數新興宗教團體有涉入致命的罪行中。

　　新興宗教也常常是暴力的受害者。因為他們本身是邊緣、非主流的，而且通常是不受歡迎的，所以他們很可能被指控那些自己根本就沒犯過的暴力行為。本期 *JRV* 期刊中集結的案例研究有助於解釋這些事情如何發生。不過還是需要更多的努力來完善這個類型學研究，以防止常出現在這個領域的負面誤解。

---

37 Rubortone 2018.

參考書目

Barkun, Michael. 2002. "Project Megiddo, the FBI and the Academic Community." In *Millennial Violence: Past, Present and Future*, edited by Jeffrey Kaplan, 97-108. Routledge.

Bradlee, Ben, and Dale Van Atta. 1981. Prophet of Blood: The Untold Story of Ervil LeBaron and the Lambs of God. G.P. Putnam's Sons.

Bromley, David G., and J. Gordon Melton, eds. 2002. *Cults, Religion and Violence*. Cambridge University Press. https://doi.org/10.1017/CBO9780511499326

Carter, Lewis F. 1990. *Charisma and Control in Rajneeshpuram: The Role of Shared Values in the Creation of a Community*. Cambridge University Press.

Champlin, Edward. 2003. Nero. Harvard University Press.

Church of Scientology International. 2018. "The Hatred and Violence Leah Remini Incites Toward Her Former Religion and Former Friends." Leah Remini-Aftermath: After Money, 2018. Accessed October 4, 2018. https://www.leahreminiaftermath.com/articles/the-hate-leah-remini-inspires.html.

Clifton, Chas S. 2018. "A Texas Witch On Trial." *Journal of Religion and Violence* 6(3): 325-369. https://doi.org/10.5840/jrv20191959.

Coroners Court, Darwin, NT. 2012. "Inquest Into the Death of Azaria Chantel Loren Chamberlain [2012] NTMC 20 (12 June 2012)." Darwin, Northern Territory of Australia: Northern Territory Magistrates Court. Accessed October 6, 2018. http://www8.

austlii.edu.au/cgi-bin/viewdoc/au/cases/nt/NTMC/2012/20.html.

Credo.ru. 2017. "По России уже поднимается волна насилия против Свидетелей Иеговы" (A Wave of Violence Against Jehovah's Witnesses Is Already Rising in Russia). April 21. Accessed October 4, 2018. http://www.portal-credo.ru/site/?act=news&id=125407.

Duffin, Perry. 2019. "Teen Charged Over Fatal Stabbing at Scientology Centre Was Visiting His Mother." The Sydney Morning Herald, January 4. Accessed January 5, 2019. https://www.smh.com.au/nationnal/nsw/teen-accused-of-fatal-stabbing-at-scientology-centre-was-visit ing-his-mother-20190104-p50por.html.

Dunn, Emily. 2015. Lightning from the East: Heterodoxy and Christianity in Contemporary China. Brill.

Frisk, Liselotte. 2018. " 'Spiritual Shunning': Its Significance for the Murder in Knutby Filadelfia." *Journal of Religion and Violence* 6(3): 328-345. https://doi.org/10.5840/jrv20191961.

Gianotti, Lorenza, and Guido Franco Pazzi. 1992. "Comunità dell'Eterno. Ipotesi polemica antisettaria, forme contenute di polemica antisettaria nell'Astigiano." Term paper, University of Turin, School of Political Science.

Human Rights Without Frontiers. 2018. Tortured to Death: The Persecution of The Church of Almighty God in China. Brussels: Human Rights Without Frontiers. Introduction—New Religious Movements and Violence: A Typology 325.

Introvigne, Massimo. 2000. "Moral Panics and Anti-Cult Terrorism in Western Europe." Terrorism and Political Violence 12(1): 47-59. https:// doi.org/10.1080/09546550008427549.

Introvigne, Massimo. 2016. *Satanism: A Social History*. Brill.

Introvigne, Massimo. 2017. "Victory Altar." *World Religions and Spirituality Project*, October 28. Accessed October 4, 2018. https://wrldrels.org/2017/10/29/victory-altar/.https://doi.org/10.26338/tjoc.2018.2.1.2.

Introvigne, Massimo. 2018a. "Daesoon Jinrihoe: An Introduction." *The Journal of CESNUR* 2(5): 26-48. doi: https://doi.org/10.26338/tjoc.2018.2.5.4.

Introvigne, Massimo. 2018b. "Gatekeeping and Narratives about 'Cult' Violence: The McDonald's Murder of 2014 in China." Journal of Religion and Violence 6(3):326-387. https://doi.org/10.5840/jrv20191960.

Introvigne, Massimo. 2018c. "Introduction—Emperor Nero Redux: Fake News and Anti-Cult Movements." *The Journal of CESNUR* 2(4): 3-9. doi: https://doi.org/10.26338/tjoc.2018.2.4.1.

Introvigne, Massimo. 2018d. "The Myth of 'Another Jonestown.' " The Jonestown Report 20. Accessed October 4, 2018. https://jonestown. sdsu.edu/?page_id=81395.

Introvigne, Massimo. 2018e. "Xie Jiao as 'Criminal Religious Movements': A New Look at Cult Controversies in China and Around the World." *The Journal of CESNUR* 2(1): 13-32.

Introvigne, Massimo, and Jean-François Mayer. 2002. "Occult Masters and the Temple of Doom: The Fiery End of the Solar Temple." *In Cults, Religion, and Violence*, edited by David Bromley and J. Gordon Melton, 170-188. Cambridge University Press. https://doi. org/10.1017/CBO9780511499326.010.

Irons, Edward. 2018. "The List: The Evolution of China's List of Illegal and Evil Cults." Janzen, Rod A. 2001. The Rise and Fall of Synanon: A California Utopia. Johns Hopkins University Press.

Johnson, Sylvester A., and Steven Weitzman, eds. 2017. The FBI and Religion: Faith and National Security Before and After 9/11. University of California Press. https://doi.org/10.1525/california/9780520287273.001.0001.

Kravchenko, Maria. 2018. Inventing Extremists: The Impact of Russian Anti-Extremism Policies on Freedom of Religion or Belief. United States Commission on International Religious Freedom.

La Fontaine, Jean S. 1998. Speak of the Devil: Tales of Satanic Abuse in Contemporary England. Cambridge University Press.https://doi.org/10.1017/CBO9780511621758.

Leveritt, Mara. 2002. Devil's Knot: The True Story of the West Memphis Three. Atria Books.

Levine, Robert M. 1995. Vale of Tears: Revisiting the Canudos Massacre in Northeastern Brazil, 1893-1897. University of California Press.

Lewis, James R., ed. 2011. Violence and New Religious Movements. Oxford University Press. https://doi.org/10.1093/acprof:oso/9780199735631.001.0001.

Lifton, Robert Jay. 1999. Destroying the World to Save it: Aum Shinrikyo, Apocalyptic Violence, and the New Global Terrorism. Metro-politan Books.

Maselli, Domenico. 1974. Tra risveglio e millennio: Storia delle chiese cristiane dei fratelli, 1836-1886. Claudiana.

Melton, J. Gordon. 1986. "The Evidences of Satan in Contemporary

America: A Survey." Paper presented at the annual conference of the Pacific Division of the American Philosophical Association, Los Angeles, 27-28 March.

Reader, Ian. 2000. Religious Violence in Contemporary Japan: The Case of Aum Shinrikyo. University of Hawai'i Press.

Rhee, Hong Beom. 2007. Asian Millenarianism: An Interdisciplinary Study of the Taiping and Tonghak Rebellions in a Global Context. Cambria Press.

Rubortone, Michela. 2018. "Omicidi Serena Mollicone, il Ris: 'Fu uccisa nella caserma dei Carabinieri.' " Il Fatto Quotidiano, September 29. Accessed October 6, 2018. https://www.ilfattoquotidiano.it/premium/articoli/il-ris-serena-mollicone-fu-uccisa-nella-caserma-dei-carabinieri/.

Tedeschi, Enrica. 1989. Per una sociologia del millennio. David Lazzaretti: carisma emutamento sociale. Marsilio.

Vargas Llosa, Mario. 1984. The War of the End of the World. Translated by Helen R. Lane. Farrar Straus and Giroux.

Victor, Jeffrey S. 1993. Satanic Panic: The Creation of a Contemporary Legend. Open Court.

Wessinger, Catherine L. 2017. "The FBI's 'Cult War' Against the Branch Davidians." In The FBI and Religion: Faith and National Security Before and After 9/11, edited by Sylvester A. Johnson and Steven Weitzman, 203-243. University of California Press. https://doi.org/10. 1525/california/9780520287273.003.0013.

Wright, Stuart A., ed. 1995. Armageddon in Waco: Critical Perspectives on the Branch Davidian Conflict. University of Chicago Press.

參　所謂「邪教」和「別異教派」[*]

「邪教或膜拜團體 cult」[1]和「別異教派 sects」被視為帶有刻板印象的術語，意指新的或不受歡迎的宗教運動，因此這些術語是大多數學者避免使用的。

然而，它們廣泛地被媒體和部分團體使用（尤其是所謂的反邪教團體）將某些新的宗教運動視為令人反感且危險的存在。在現代英語中「cult」為貶義詞，而「sect」則用在比較少爭議的群體。在法語、德語、西班牙語和意大利語中，相對應的貶義詞為「sect」，「cult」這個詞則很少被使用。現在，一些詞典將法語的「secte」（或是非英語的語言中類似的單字）翻譯成「cult」而非「sect」。然而，原本英文「cult」和「sect」皆為不帶有貶義的學術術語。本文在討論這些術語的當前貶義用法之前，將先回顧一下更早期「cult」和「sect」在社會學中的用法。

一　從 Troeltsch 到 Stark 和 Bainbridge

Ernst Troeltsch（1865-1923）是一位德國神學家和社會學家。他在二十世紀初期，詳細闡述了關於既成教派、別異教派、神秘主義之間的區別，產了很大的影響力。根據 Troeltsch 的說法，既成教派很能融

---

[*] 本文翻譯於Massimo Introvigne, "Cults and Sects" (vol. 3, pp. 2084-2086), in LINDSAY JONES (Ed.), *Encyclopedia of Religion*. Second Edition, Macmillan, Detroit, 14 voll.

[1] 中性的概念應該稱為膜拜團體。

入比她更大的社會。這種典型融合的特徵是，其大部分的成員都在教會出生，而非在教會受洗的初信者。Troeltsch 結論也和韋伯（1864-1920）相似，Troeltsch 視「sect」為一種大部分成員均為初代歸信者的宗教運動。Troeltsch 所指的「sect」，則常對於整體社會懷有敵意或漠不關心，也可能會批評既成教派是「此世的（世上的）（this-worldly）」。「sects」比起去遷就世上而降低信仰，寧可維持貧窮和相對小的規模。然而，「sects」可能最終會逐步發展為既成教派而且轉向主流，被位於宗教領域邊緣的新別異教派取代。根據 Troeltsch 的說法，這樣的狀況不容易發生，而神秘主義則沒什麼組織和架構，只因一些個人經驗而存在。

　　Troeltsch 的分類在宗教社會學上一直很有影響力，直到第二次世界大戰。J. Milton Yinger 在一九四〇和一九五〇年代，對此修正和重新定義，他對別異教派和既成教會之間做了更多的區分和描述。Yinger 將「已確立宗派」，「別異教派」，和「膜拜團體」之間區分開來。後者是較小的團體，有一群共享宗教經驗的信徒，但尚未有一個組織架構。根據 Yinger 所言，某些邪教最終會消散，其他則變成別異教派，在他定義下，別異教派大部分是由第一代歸信者所創建的宗教組織，和整體社會之間存在高度的緊張性。當第二代、第三代成員出現，別異教派會到達「已確立宗派」的階段，處在一個 Troeltsch 分類中既成教會和別異教派之間過渡性的位置。根據 Yinger 所言，別異教派和既成教會之間真正的差別在於其「普世性（universalism）」的有無。一個別異教派，即便是已確立宗派，並不會視自身為普世性的，只嘗試組織為一個範圍有限的團體。一個「教派」的出現表示了一個別異教派過渡往既成教會的第一步，因為這時候這種團體至少開始宣稱一個普世性的目標，即便事實上她還無法到達這個程度。「中央教會（Ecclesiae）」比教派更具有普世性，但只有「普世教會（universal churches）」是最有這種含義的單字，不只在理論上也實際上達成他們的普世目標。根據 Yinger 所言，雖然當下基督宗教中只有羅馬天主教才算是一個普世教會，但理論上，所有膜拜團體最終都會經過不同階段後變成一個既成教會。

Troeltsch 和 Yinger 很明顯都認為基督宗教只有一元性的存在。在二次世界大戰之後，一開始常被媒體描述成「別異教派 sect」和「膜拜團體或邪教 cult」的運動其實不是基督信仰，而是印度教、佛教，或者從其他神秘傳統而來的信仰。部分社會學家像是 Bryan R. Wilson 嘗試重新定義「別異教派 sect」，是一個不一定要和基督宗教有關聯的單字。在 Wilson 的觀點看來，「別異教派 sect」該由其自身的目標所定義。別異教派的目標比起典型主流教會，有可能是更有野心也可能是更沒方向的。「別異教派 sect」不像是既成教會，並不期待被國家肯認為一個機構，也不想成為社會組織化整體中的一部分。但另一方面，他們想深刻改變其成員的生活，且偶爾會宣告這種改變的結果會帶來整體社會的革命性變革。這些目標可以在基督宗教中尋找，也可以在非基督宗教中找到。

美國社會學家 Rodney Stark 和 William Sims Bainbridge《宗教的未來：世俗化、復興、與膜拜組織的構成》一書（*The Future of Religion: Secularization, Revival and Cult Formation*），收錄了最新且極具影響力，關於區分既成教會、別異教派、膜拜團體的社會學觀點。一個既成教會（如 Troeltsch 所言）被定義為，一個接受主流社會環境的宗教團體，並與社會合作的團體。而一個別異教派則是處在和主流社會不友善和緊張性當中。然而，同樣一個團體有可能同時在某個國家是別異教派，在另一個國家是既成教會。一個別異教派的定義是，一個群體對傳統有某種程度的偏離，但也仍保持了某種傳統，使其在某些特定的社會不會被視為偏差者。根據這個定義，耶和華見證人就是一個

別異教派，因為他們被認為偏離主流基督宗教，但仍然維持在（異端）基督教傳統之內，所以在西方本身不算偏差。別異教派（雖然是有某種偏離的），仍然維持於「不完全偏差的」的基督教傳統之內，但膜拜組織則又偏離又偏差，完全不在基督教傳統中。舉例來說，國際奎師那知覺協會（International Society for Krishna Consciousness）的西方成員，也以哈瑞奎師那（Hare Krishna）一名為人所知，被視為膜拜團體而不是別異教派，因為他們不只是偏離主流，而是印度教傳統本身也被西方大眾視為非主流，且偏差於基督教傳統。

　　Stark 和 Bainbridge 還提出了一個垂直模型區分「聽眾崇拜」、「客戶崇拜」和「崇拜運動」。聽眾崇拜是無組織的（蠻類似於 Troeltsch 的神秘主義），並且會追隨一些受歡迎的作家或講師。他們的「成員」可能會以一種共同的方式祈禱或冥想，但他們覺得不需要組織。客戶崇拜則更有組織性，他們是宗教領袖或領袖團體的「客戶」，會有定期銷售服務（課程或儀式）的人，會經由某種組織的努力讓他們的客戶持續存在。只有崇拜運動是完整的宗教活動，其永久性組織比過渡性的領導—客戶關係更重要。

　　最終，Stark 和 Bainbridge 以及 Wilson 都發現到，「別異教派 sect」和「膜拜團體 cult」都逐漸成為模糊的標籤，最好避免使用。社會學家會將它們表達為純粹中立的，Troeltsch 式的，但不會在道德上或者社會意義上暗示「別異教派 sect」和「膜拜團體 cult」是「邪惡的」，或比起「真正的」宗教更不被接受。然而，自從媒體從一九七〇年代開始，使用「別異教派 sect」和「膜拜團體 cult」這些詞彙表述危險甚至犯罪的宗教組織後，大多數的社會學家和宗教史學家卻都最終接受了 Eileen Barker 的提議，以價值無涉（value-free）、無貶義的「新興宗教運動」取代別異教派或膜拜團體。「新興宗教」這個用語已經被各種作家使用，但比起英語，卻是在法語中的接受度更高。雖然「新興宗

教運動」這個概念也還有一些問題，但大多數學者都遵循 Barker 的建議而使用著，至於那些很小眾仍在使用「別異教派 sect」和「邪教 cult」這種用詞的學者，實際上他們目的就是暗示他們對於反邪教運動的同情立場。

二　宗教百科第二版

對反邪教運動而言，區分的方法很簡單。既成宗教和既成教會的人是自願加入的。而「別異教派 sect」和「邪教 cult」（兩者的區分是有點模糊的）則是使用心智控制或者「洗腦」來吸收成員並讓他們不要離開。雖然世界上只有很少數的學者會認真看待這種區分模式，但還是被某些議會放入報告和立法上（特別是歐洲），並且也在媒體新聞上被廣泛引用。

主要推廣洗腦理論應用在新興宗教運動上的人是 Margaret Thaler Singer（1921-2003），她是一位臨床心理學家，也是柏克萊大學的兼任教授。她常出現在法庭訴訟案中，某種程度上為心理學家發明了一種服務反邪教的法律案件和倡議立法的新職業。以洗腦理論為基礎，私人保鏢開始代表其家人綁架新興宗教運動的成年成員，對之進行某種「反洗腦」的技術，他們稱之為「去洗腦」（deprogramming）。美國最大的反邪教運動組織「警惕邪教網路」（Cult Awareness Network）經常被控轉介家庭給去洗腦者組織，法庭一開始曾經放任過這種行為。

針對洗腦論述的批判是由美國社會學會和美國心理學會，以及由幾位著名的新興宗教運動研究學者展開的。從美國加州北部地區法院判決的 Fishman 案開始（1990年），學術批評最終扭轉了美國法院看待洗腦觀念的趨勢。不過之後的某些判決還是在不同程度上偏離了 Fishman 案的結果，所以這個判決並不表示洗腦理論已經死絕。儘管如

此，由於在美國有了一個重要的先例，加上後來的一系列事件終於終結了去洗腦者組織的行動，也了結了美國最大的反邪教組織「警惕邪教網絡」。「警惕邪教網絡」因為轉介家庭給去洗腦者的行為而被判罰巨額賠償，導致它被迫申請破產。在一九九六年由法院指定的破產委託人在拍賣中出售該組織的檔案、名稱和登記註冊給由山達基教會成員所領導的宗教自由者聯盟。

一九九〇年代時，雖然洗腦理論在美國法院失去了它的能量，然而與太陽神殿有關在瑞典和法國在一九九四年和一九九五年的自殺和謀殺案件又給了這個理論在歐洲的一線生機，也影響了歐洲議會的報告（內容完全忽略先前美國爭議的複雜歷史背景）甚至導致了二〇〇一年法國一次極具爭議的刑法修正案。矛盾的是，洗腦的概念過去是用於冷戰時，美國針對中國共產黨的反共宣傳中，洗腦的意識形態卻從一九九九年也開始在中華人民共和國被使用，藉以區分「非法邪教」和「合法宗教」。一開始針對的目標就是法輪功，但後來擴大其範圍至數個地下基督教組織。同樣的理由也被法國政府採用，以一九九六年議會公布的相關報告為起點，他們數次嘗試推動預防類似山達基教會的這種「邪教」在法國運作。在美國，雖然法院的主要態度是反對洗腦理論的，但暗示洗腦的用語仍廣泛在媒體上被使用，藉以提供一個簡單粗暴的解釋，說明為何像是大衛教派（Branch Davidians）或者蓋達組織（al-Qà'idah）這種團體該被視為邪教而不是宗教。

雖然接受這種觀點的人數極少，但區分合法「宗教」和危險的「別異教派 sect」和「膜拜團體 cult」的觀點依然在歐洲部分政治和媒體環境中很流行，尤其當人們因為受到二〇〇一年九一一自殺攻擊影響，開始用這種別異教派和膜拜團體論述解釋自殺式恐怖主義的風氣。

肆　新宗教生活和法律的基本形式

——宗派、「邪教」和社會架構的道德恐慌[*]

　　已故的 Roy Wallis（1945-1990）由涂爾幹的傑作擷取靈感並改編了書名，在一九八四年出版了《新宗教生活的基本形式》，這部著作和涂爾幹的傑作之間自然也有所差異。**Wallis** 和涂爾幹面對著不同處境，必須思考媒體如何創造公眾對新的宗教形式的恐慌，而影響立法提案，甚至偶而也實際通過了專門壓制這些宗教形式或防止這些宗教擴張的法律。

　　從伊斯蘭的威脅到「邪教的邪惡」，現今某些宗教的少數族群更常被視為社會的問題而不是社會的資源。在第二次世界大戰前，社會科學家已經定義一個社會問題是「大量的人們認為某一情況背離了原本他們看重的社會規範」[1]。更多近期的學術研究表明，雖然社會問題最初期待以經驗證據為依歸，但是這些問題如何發展和如何被呈現，是更複雜的社會過程之結果。儘管並非所有研究社會問題的學者都認為自己是「建構主義者」，但大多數人至少在某種程度上會接

---

[*]　**本文翻譯自**Massimo Introvigne, The Elementary Forms of New Religious Life and the Laws: 'Sects,' 'Cults' and the Social Construction of Moral Panics," in MARIA SERAFIMOVA - STEPHEN HUNT - MARIO MARINOV, with VLADIMIR VLADOV (Eds.), Sociology and Law. The 150th Anniversary of Emile Durkheim (1858-1917), Cambridge Scholars Publishing, Newcastle upon Tyne, pp. 104-115.

1　Richard C. Fuller - Richard R. Myers, "The Natural History of a Social Problem," *American Sociological Review* 6 (1941), 320-329 (320); Roy Wallis, *The Elementary Forms of New Religious Life*. London: Routledge & Kegan Paul, 1984.

受，建構社會問題是和整體社會有關的，也可能是一種政治妥協。

在一九七〇年代，之所以有「道德恐慌」這個新概念，是為了解釋部分的社會問題如何被過度建構而產生不必要的恐懼。道德恐慌被定義為由社會建構出來的社會問題，其特點包括媒體的回應和政治論爭，比起說有實際的威脅，大多都是小題大作。道德恐慌的另外兩個特徵也被提及。首先，有可能是數十年前舊有的社會問題，卻又被媒體和大眾陳述為「新的」（或作為「突然暴增聲量的謠傳」）。其次，這些議題的擴散是被坊間資料誤傳。明明尚未得到學術研究的證實，但已經在媒體之間反覆擴散，並可能產生政治影響。[2]根據菲利普‧詹金斯（Philip Jenkin）所言，「恐慌反應並非因為對特定威脅的規模進行過理性評估而產生」。反之，恐慌反應是「由負面定義的恐懼造成，最終在單一事件或某種刻板印象中，找到一個戲劇性和過度簡化的焦點，這個焦點就成為了討論和辯論裡引人注目的代表性符號」[3]。詹金斯強調了在創造和管控道德恐慌的道德倡議者（Moral Entrepreneur）這一角色，他們為了自己的既得利益刻意強化特定的恐懼。他也針對「這些過程背後有可能有的陰謀論」的概念提出警告。[4]這些社會問題的建構是一個非常複雜的過程，不能只完全歸咎於那些能被貼標籤的遊說團體的倡議。搖滾樂的危險、一般性的虐童、撒旦教徒和戀童癖神職人員的虐童、足球流氓、連環殺手，還有許多其他問題，都被

---

2 Erich Goode - Nachman Ben-yehuda. Morar panics. oxford: Basil Brackweil, 1994' see also stan Cohen- Folk Devirs and Moral panics: *The Creation of the Mods and Rockers*. oxford: Basil Blackwell, 1972: and Stewart Hall et al., *Policing the Crisis,* London: Routledge, 1978.

3 Philip Jenkins. *Pedophiles and Priests: Anatomy of a Contemporary Crisis* (New York and Oxford: Oxford Universiry press, 1996), 170.

4 Jenkins. *Pedophiles and Priests*, 5.

視為由社會建構的問題，或是當成道德恐慌來研究。[5]

　　道德恐慌最初始於人們的客觀處境和實際危險。沒有人會真的以為連環殺手、戀童癖神職人員（和非神職者），有虐待傾向的父親（和母親）並不存在，在我的家鄉義大利也有許多足球流氓的問題。當代的撒旦教有時被解構為一種完全是發明出來的社會問題。然而，雖然沒有證據表明在國際上真的有一大批地下撒旦教徒們在儀式中吃嬰兒，但在義大利撒旦教派「Beasts of Satan」的訴訟案件中，一批在二〇〇四年被逮捕的義大利青年樂團的成員，都在義大利初等法院和上訴法院被判至少要為了三起甚至五起的凶殺案負責。這種事件證實，真的有小規模（有時是非常危險的）的撒旦教徒存在。[6]然而，當這些現象被重新呈現，統計數據被嚴重誇大、只以坊間資料為基礎就採取政治行動，就將造成道德恐慌（雖然這些情況其實都已經存在了幾十年或幾個世紀，只是以不同的其他形式和名稱存在著）。當然光是有兩個連環殺手或虐待兒童的人就已經很嚇人了。但是評估什麼樣的社會反應是合宜的，還是需要檢視真實數字裡，到底有多少個撒旦教徒？還有是不是真的有上百、數千的戀童癖天主教神父？以及被虐待兒童的人數是不是真的破千、破萬甚至數百萬呢？也和在一個更寬泛、廣義的類別中，如何找出最嚴重事件的相關機率，和相關的可靠數據有關。當一個數字被用在表達撒旦教徒犯下的罪行時，我們會想

5　相關案例可見Joer Best. *Threatened children*, Chicago: University of Chicago Press, 1990; Philip Jenkins. *Intimate Enemies: Moral Panics in contemporary Great Britain*, Hawthorne (New York): Aldine de Gruyter, 1992; Id., *Using Murder: The social construction of serial Homicide*, Hawthorne (New York): Aldine de Gruyter, 1994; James F. Richardson, Joel Best, and David Bromley (eds), *The satanism scare*, Hawthorne (New York), Aldine de Gruyter, 1991.

6　相關內容可見Massimo Introvigne文 *Enquéte sur le Satanisme. Satanistes et antisatanistes du XVIIe siècle à nos jours*, updated French edition, Paris: Deny, 1997.

知道這些罪行中到底有多少只是在教堂的牆上寫下反基督的口號（一個我當然不贊同的活動），又有多少才真涉及強姦，亂倫或凶殺案件。言語性騷擾在今天通常也歸類在性侵害當中，尤其是在某些國家的法庭上。但是以性相關的言語侮辱秘書（再說一次，我絕對反對的行動）和實際上真的有性侵行為還是有所不同的。

　　新宗教生活的基本形式常被當成道德恐慌的經典對象來研究。再次引用詹金斯所言：「別異教派成為了一個『共同的敵人』，也就是一個『危險的外人』，對於主流來說是個既方便又兼具整合的功能，可以讓主流聯合起來重申其共同的標準和信念。根據某一特定社會的法律和文化的環境，別異教派和主流社群之間的緊張性，可能會導致積極的迫害，也可能產生排斥和負面的刻板印象。」[7]當代後世俗（post-secular）社會不會輕易接受神學或哲學式的異端獵巫。但基於行為和信條之間區分上的困難，[8]他們會懷疑少數宗教是否積極從事各種不法行為，範圍可以從詐欺到恐怖主義活動。在西歐最初主要是在神學上處於邊緣地位的群體（儘管他們可能在全世界有數百萬成員）會被懷疑是「邪教 cult」和「別異教派 sects」，可能具有「破壞性」。近期則還有「原教旨主義者（fundamentalist）」、「末日預言（apocalyptic）」用於宗教活動時，也都變成了不好的詞語（four-letter word）而帶來混亂。「巨大右翼陰謀」（vast right-wing conspiracy）除了用來看柯林頓和希拉蕊的問題之外，[9]也更常被自由派的政治家引用解釋一些「邪教」、

7　Jenkins. *Pedophiles and Priests*, 158.

8　相關內容可見 Massimo Introvigne. "New Religious Movements and the Law: A Comparison between Two Different Legal Systems (The United States and Italy)," in Eileen Barker and Margit Warburg (eds.), *New Religions and New Religiosity*, Aarhus Oxford: Aarhus University Press, 1998, 276-291.

9　在此可能需要為了對美國政治不熟悉的讀者提示，希拉蕊曾批評陸文斯基（Monica Lewinsky）事件是一個「巨大右翼陰謀」的產物。她在二〇〇八年於失利的總統競選中再次提及這個右翼陰謀。

「別異教派」，或一些非宗教組織的活動，這些活動也很快地與「邪教」連在一起被看待。在某些東歐國家，「傳教士」這個詞居然常常和「邪教」或「別異教派」兩者放在一起使用，各種邪惡行動被歸咎於「傳教士」，而且通常是「外國來的」，他們來此就是為了偷走當地東正教會的羊群。另外，全世界幾乎都把一個新的詞語「伊斯蘭恐懼症（islamophobia）」增加到字典中。它被定義為一種相當錯誤的邏輯，也就是將每一個穆斯林都視為「原教旨主義者」，且每一個「原教旨主義者」都是恐怖分子。幾乎每個地方的宗教少數派都變成了社會問題，也是一個道德恐慌的議題，而非是社會動能，更不用說是社會資源了。

如前所述，道德恐慌還是有某種客觀依據。比如說，我們還是無法完全否認伊斯蘭恐怖主義的危險；或者是有「某些」態度不佳的傳教士，進入新環境時完全無視當地文化；或有「某些」新興宗教運動已經持續進行著一些犯罪活動，包括從顯而易見的欺詐案件到撒旦之獸（Beasts of Satan）或太陽神殿（Solar Temple）。評論家們時不時地告訴我們，那些被誤導的新興宗教學者是「邪教辯護者」，準備否認那些曾經由新興宗教運動或宗教少數群體犯下的罪行或其他非法活動。其實我自己從來沒真正見過這些奇怪的「邪教辯護者」（如果真的存在的話）。當然，學者們之間對某些宗教運動存有相當多的爭論，不同意見也在同一本學術期刊上發表過，這些議題包含這些團體潛在非法行為的存在或傳播（無論是歷史上還是現在）。包括撒旦教徒、家庭教（The Family）、山達基教。然而，誰在傳播這些宗教才是問題，而不是這些宗教到底存不存在。

大部分研究新興宗教的學者會贊同瑞士關於山達基教的報告「大多數的這些（「別異教派」或者「邪教」）團體的對其成員和國家而言

都不危險」[10]。只有非常少數的學者站在不同的立場，會同意法國
（1996）或比利時（1997）議會報告，那份報告列舉了幾十個屬於實
際危險，或者有潛在危險的「別異教派」或者「邪教」團體。

　　道德恐慌一開始有其現實基礎，但逐漸因為誇大和坊間傳聞資料
而加劇，特別是如果有某個原本屬於單一或特定事件的評論被通則化
時更是如此。美國在瓊斯鎮事件（1978）之後，歐洲在太陽神殿事件
之後（1994、1995和1997）都有這樣的現象。由於某些既得利益方的
道德倡議者加入，他們雖然沒有創造新的道德恐慌，卻使原有的恐慌
不斷加劇。他們（道德倡議者）廣泛地參與了各種不同規模的反邪教
運動，其中某些在一些歐洲國家獲得了前所未有的公眾支持。

　　在此背景下，部分歐洲議會和其他太陽神殿事件後所提出的官方
報告（儘管不是當中的所有人）都遵循了典型道德恐慌模型的四個階
段。儘管之後的報告明確否定了包括法國和比利時第一份報告中的這
種典型模式，但他們列出的四個階段的內容仍然出現在媒體和其他攻
擊「邪教」的論述中，並值得被仔細探討。

　　第一個階段模型會宣稱某些少數團體並非真正的「宗教」，而是其
他種「別異教派」或者「邪教」（與真正的宗教不同），可能是犯罪組
織、特工，或者是境外帝國主義。其實這並不是一個特別新的論點。
一八七七年七月，反摩門教作家 John Hanson Beadle（1840-1897）在
Scribner's Monthly 期刊上寫道「美國人只有一種本土宗教（摩門教），
且這是美國普世寬容規則唯一的明確例外。（……）對這種異常現像
有兩種解釋：一，美國人並非是個真正寬容的民族，所謂寬容，僅限
於我們共同擁有的新教，或更一般性的基督宗教。摩門教則因為其特

---

10 *La Scientolctgie en Stisse: Rapport préparé à l'intention de la Cctmrnission Consttltutive on ntatière de protection de I'Etat*, (Beme: Departement Fédéral de Justice et Police, 1998) 132-133.

有的東西，使它不屬於宗教的範圍」[11]。Beadle 的尖銳觀察有效地迫使美國讀者得出一個結論，也就是摩門教不是一種宗教。因為讀者需要同時肯認宗教寬容的原則，以及美國至少從表面上看來是有宗教自由的。

　　在認定宗教自由作為價值並受到憲法保護的文明社會中（直至今日，宗教自由都受到國際宣言和相關論述的保障），唯一可以歧視一個宗教少數群體的方法就是說它根本就不是一個宗教。其實定義一個團體是不是宗教並非易事。我在別處討論過，如果只是由有關團體自我證明顯然是不夠的，這和眾多法律判例及明顯詐欺的行為也有關。在一九八○年代，美國法院發現，由不誠實的律師所支持的某些相對有錢的公民（不知道是什麼原因，其中大多數是航空機師）居然把他們的家人組織成教會（或所謂的郵購教堂的會眾）。然後他們稱自己的房子為「牧師館邸」，還把游泳池叫作「洗禮池」[12]。有時也有不同的狀況，一九九一年在義大利 Corte di Cassazione 對山達基教是否是宗教的判決，並不採取自我定義這個模式（Corte di Cassazione 通常翻譯為最高法院，儘管它與分別執行不同任務事務的憲法法院同時存在）。法院也承認公眾輿論容易對宗教少數帶有偏見，所以學者或者「有學養的看法」更為重要。於是法院在自我定義，和更早前義大利判決使用的「輿論認可」的標準之間尋找第三種方式。最後法院判定該遵循一九四七年義大利憲法之父的智慧，可是當年制憲討論保護宗教自由

---

11 J.H. Beadle, "The Mormon Theocracy," *Scribner's Monthly*, 14, 3 (July 1877): 391.

12 見Massimo Introvigne. "Religion as Claim: Social and Legal Conhoversies," in Jan G. Platvoet- Arie L. Molendijk (eds.), *The Pragmatics of Defining Religion: Contexts, Concepts and Contests*, Leiden: Brill, 1999, 4l-72. On mail-order churches see Bruce Casino, " 'I Know It When I See It': Mail-Order Ministry Tax Fraud and the Problem of a Constitutionally Acceptable Definition of Religion," *American Criminal Law Review*, 25,1 (1987): 113 -164.

之際，根本沒有定義宗教形式的未來可能。宗教實際上是一個不斷發展的概念，任何在一九四七年提出的定義必然無法掌握後來的狀況，因為新的宗教形式是不可能在五十多年前就被預知的，所以這實際上會是對新宗教形式的歧視。[13]

觀察此判決和其他判決，人們應該會同意 Greil 所說的，從某種角度來看，「宗教並不是（……）某些現象的固有特徵，而是（……）一個利益競爭團體可能爭奪的文化資源。由此觀點，宗教不是一個實體，而是特定群體提出的『主張』，並且在某些情況下，會發生競爭，而後在某一社會下會有人取得判別宗教的特權。」[14]總之不論如何，以上論述都不會急著隨便判斷不受歡迎的宗教少數不是「真正的宗教」。

第二階段模型假設，真正的宗教和錯誤聲稱他們有權獲得宗教識別的團體的區別，主要在於有沒有進行洗腦、精神操縱或心智控制。這種說法其實也沒什麼新意。過去 Beadle 就喜歡說摩門教是一種政治組織，目標是統治世界（這個論點今天也有人用在其他團體上）。其他反摩門教作家，像是 Maria Ward（應該是 Elizabeth Cornelia Woodcock Ferris 的筆名，1809-1893），認為摩門教的非宗教特徵為，他們會系統化地使用「一種神秘的魔法行動」奪去信徒「正常使用自由意志」的能力。這就是「現在流行叫作催眠術的東西」。根據 Ward 的說法，摩門教先知 Joseph Smith（1805-1844）「在催眠術尚未普及全國的前幾年，早就瞭解這種魔法力量的相關知識，且是從一個『德國販子』那

---

13 Corte Suprema di Cassazione, decision n. 1329 of October 8, 1997 , *Bandera and others*.

14 A.L. Greil, "sacred Claims: The 'Cult Controversy' as a Struggle over the Right to the Religious Label,,, in David G. Bromley and Lewis F. carter (eds.), *The Issue of Authenticity in the study of Religion*, Greenwich (Connecticut), JAI Press, 1996, 47-63 (48).

得來的。」[15]因為從字詞的定義來看，宗教應該是自由意志選擇進入的，假的宗教則是脅迫下加入的。又因為冷戰後，「洗腦」一詞的出現，對這種過去用於攻擊摩門教的催眠論述提供了方便的類比，於是這些論述在一九七〇年代美國和其他地區的的反邪教戰爭中，重新浮出水面。到一九八〇年代末，第一個「粗糙的」洗腦理論在英語系國家的辯論中已被大大駁斥，之後其他人（像是 Ben Zablocki）提出的第二代洗腦理論也一樣被批判。[16]儘管說法很有爭議，他們並不打算解釋為什麼人們會「加入」特定運動（反之，他們會解釋那些團體是如何藉由把信徒離開團體的代價最大化，製造信徒「離開」的困難）。他們也會說找到了一個公式來區分真正的宗教和像是「別異教派」或者「邪教」（sects or cults）這樣的假宗教。[17]

　　第三個階段模型，則由於洗腦理論被大量學者所批判，因此第三階段模型的偏見是其資料來源和敘述都是故意略過學術性內容。法國和比利時的報告很少或者幾乎完全沒引用學術資源。比利時報告中雖然強調他們有意識到學術界反對所謂思想控制的說法，但他們基於道德選擇，更願意相信這些「受害者」的意見。但是其實比利時委員會所謂的「受害者」是指那些一般被社會科學家定義為「離教者或背教

---

15 Maria Ward, *Female Life Among the Mormors*, (London: Routledge 1855) 230.

16 Benjamin D. Zablocki. Exit Cost Analysis: A New Approach to the Scientific study of Brainwashing," Nova Religio: *The Journal of Alternative and Emergent Religions*, vol. l, n.2 (1998): 216-249.

17 詳見對Zablocki的回覆。David.G. Bromley, "Listing (in Black and white) Some Observ-ations on (Sociological) Thought Reform," *Nova Religio: The Journal of Alternative and Emergent Religions*, vol. 1, n. 2 (1998), 250-66; and Zablocki's "Repry to Bromley", ibid., 267-271. 也可見B.D. Zabrocki and Thomas Robbins (eds.), *Misunderstanding Cults: Searching for Objectivity in a Controversial Field*, Toronto: University of Toronto Press, 2001.

者（apostates）」的人。[18]這些人是前成員，在離開後轉變為原本團體的積極反對者。雖然許多類似這樣的前成員不喜歡被叫作「離教者」，但這個術語是「專業性的」，而不是貶義的，並且已經使用了數十年，特別可見於 David Bromley 的文章。雖然也許未來可以用「離教者」以外的術語，但這類的術語目前在使用上仍是必要的，以便區分「離教者」，和其他不會轉向攻擊原本團體的前成員。實證資料表明，新興宗教的前會員中，離教者占的比例也有限，他們通常只是少數，[19]大概在百分之十五至百分之二十之間。大部分的前成員對他們的前團體是有複雜感受的，而且他們大部分並沒有興趣去加入一個反對他們原本團體的十字軍當中。「離教者」是一群很有趣的但只是佔少數的人們。然而那第三類模型卻彷彿這群離開之人才是其他前會員的唯一典型代表。

---

18 Chambre des Représentants de Belgique, *Enquête parlementaire visant à élaborer une politique en vue de lutter contre les pratiques illégales des sectes et les dangers qu'elles représentent pour la société et pour les personnes, particulièrement les mineurs d'âge. Rapport fait au nom de la Commission d'Enquête*, Bruxelles: Chambre des Représentants de Belgique, 1997, 2 voll., vol. II, 114-118. On different types of European reports see James T. Richardson and Massimo Introvigne, "Brainwashing Theories' in European Parliamentary and Administrative Reports on 'Cults' and 'Sects", *Journal for the Scientific Study of Religion*, vol. 40 no. 2 (June 2001), 143-168.

19 見Janet Jacobs, Divine Disenchantment: *Deconverting from New Rerigions*, Bloomington: Indiana University press, 1989; Trudy Solomon, "Integrating the Moonie Experience: A Survey of Ex-Members of the Unification Church" ' in Thomas Robbins and Dick Anthony (eds.), *In Gods We Trust: New Patterns of Religious Pluralism in America*, Princeton §ew Jersey): Rutgers University Press, 1982 275-294; James R. Lewis, "Reconstructing the `Cult'Experience", Sociological Analysis, vol. 47, n. 2 (1986), 151-159; Id., "Apostates and the Legitimation of Repression: Some Historical and Empirical Perspectives on the Cult Controversy", *Sociological Analysis*,vol.49, n.4 (1989), 386-396; and my own "Defectors, Ordinary Leave-takers, and Apostates: A Quantitative Study of Former Members of New Acropolis in France" *Nova Religio: The Journal of Alternative and Emergent Religions*, vol. 3, no. 1 (October 1999), 83-99.

　　第四階段的模型有處理「離教者」不一定具有代表性的反對意見。他們的論述邏輯是「別異教派」或者「邪教」（sects or cults）不是宗教。這些團體之所以不是宗教，是因為他們使用洗腦，而宗教的定義是要自願加入的。而之所以知道這些團體有使用洗腦，是因為有「受害者」（即「離教者」）的證詞，「離教者」是團體成員的代表，或者至少是前成員的代表，而且這些人是由可靠的私人監督組織篩選、挑過的。要反駁比利時報告（與法國案不同的是，聽證會的進行過程有被出版）的這種看法其實並不難，委員會只是聽到「別異教派」或者「邪教」（sects or cults）的整體前成員中一兩名個案或至少數量非常有限的的聲音。那為什麼他們應被視為更大類別的前成員的代表呢？通常這個問題他們根本就不解釋。至少這些報告中的說法很有可能是那些反邪教組織，在多數案件刻意挑出來給委員會的。人們卻被告知說，反邪教組織比學術機構更可靠，因為他們和學者不一樣，具有「實際」和「受害者」同工的經驗。

　　在比利時的報告發布超過十年後，世界各地的反邪教組織也在自我進化。許多宗教組織（他們更願意被視為「警惕邪教」的一部分，而不再是一個「反邪教」運動或者社群）已經開始從邊緣轉向主流的、關於新宗教生活的基本形式的學術辯論。然而，這也讓邊緣圈出現了空隙，造成新的更小眾，也更極端的反邪教組織出現，他們採用第四個階段模型，並不靠學術辯論和討論，而是接觸八卦媒體，直接找地方執法人員對個案採取強制行動。義大利是近年這種第三代反邪教運動（常是某個別男、女的個人秀）擴展的中心。

　　宗教學者經常被指責是孤立和狹隘的，很少去關注專業領域以外的事物。如果從後現代以來宗教研究趨於衰微而言，這麼說是沒錯的。現代性已長期被認為是涂爾幹式的分化以及韋伯式的理性化兩者的結合。在國家和政治相關領域對這些歷程有非常多的研究和辯論。

Poggi 和 Giddens 都定義現代國家是權力集中的機器，雖然能包容多樣性，也藉由理性化和官僚系統加強控制。Giddens 告訴我們，現代化使國家控制逐漸增加。[20]後現代則因為發生了自下而上垂直去中心化的情況，被認為是為現代國家的危機。「與橫向去中心化不同，橫向分權通常是自上而下，縱向分權通常是來自下層的失控和反企業主義的壓力」[21]。這使我們不禁想把新宗教生活的基本形式與 Offe 研究的「新社會運動（new social movements）」放在一起比較，並視之為政治後現代化所擁有的關鍵特徵。[22]然而，Offe 的新社會運動最初被描述成組織鬆散，比較會讓人聯想到「新紀元（New Age）」，而非是山達基教會。不過，Offe 後來注意到新社會運動也發生了制度化。[23]更寬泛地說，後現代化常被視為國家難以控制的私人部門的擴張。新技術讓私人部門更容易跳脫掌控，也更讓今日私人部門難以控制且更紛亂的說法有其正當性。

現代國家誕生於民族，從下而上的垂直去中心之在地化，還有在國家之上的全球化兩者，都讓國家感受到威脅。自命為政治現代性的守門人，可能會深感私人部門失去控制，並且也認為必須重新加強掌握。宗教少數群體帶來的道德恐慌，提供了一個絕佳的機會，證實了私人部門無限制擴張，很明顯是有潛在風險的。這種論點聲稱，讓私人組織不受約束，最後就會出現撒旦之獸或太陽神殿事件。

20 Anthony Giddens, *Narion-state and violence*, Berkeley: university of califomia Press, 1985; Gianfranco Poggi, The State, Cambridge: polity, 1990.

21 Stephen Crook, Jan Paku Lski and Malcolm Waters, *Postmodernization: Change in Advanced Society*, London: Sage Publications, 1992, 98.

22 Claus Offe, "New Social Movements: Challenging the Boundaries of Institutional Politics", *Social Research*, vol. 52, n. 4 (1985), 817-868.

23 C. Offe, "Reflections of the Institutional self-Transformation of Movement Politics: A Tentative stage Model," in Russell J. Dalton and Manfred Kuechler (eds.), *Challenging the Political Order*, Cambridge: polify, 1990, 232-250.

　　反對後現代的運動，呼籲人們回歸那昔日美好的、一切受控制的現代國家，這種聲音已經普遍存在，其實也並不只因為某種單一的政治勢力的影響。被威脅的宗教少數群體，常以為他們所遇到的問題都是社會主義者、保守派人士或者主流教會造成的。表面上看來確實社會主義的定義是支持更大的國家控制，有些保守主義者也是支持法律和秩序型態的。不過所謂主流教會對宗教少數群體、邪教或別異教派之恐慌，也會有各種不同的態度。在一些東歐國家的正統教會，正試圖重新奪回某種國家壟斷，後來結局也都不相同。在西歐主流教會的立場也很多元，有時人們會發現，某些出來捍衛權威的群體，反而是被指控為危險的「別異教派」或者「邪教」。像是也蠻有爭議的主業會（Opus Dei），這個法國天主教靈恩復興的社群，還有比利時的 L'Oeuvre（天主教修會）、「閉關弟兄會」（Exclusive Brethren），某些國家的《三一電視台》的福音派傳教者（Trinity Broadcasting Network）都是很好的例子。也許更重要的是，主流教會從來都不是無條件的支持現代國家。

　　道德恐慌也並非只是因為某個幕後黑手造成的。通常也不會因為幕後黑手被曝光就消失了。道德恐慌之所以消散，要麼是因為公眾對這個問題失去興趣，或者是因為有更多的平衡報導和資料被揭露。眾所周知，宗教少數派是一個敏感議題。報導者揭露這些新聞時，若與一般道德恐慌氛圍的相反就很容易被打擊中斷。宗派型反邪教運動也會毫無意外地攻擊新興宗教學者是「邪教辯護者」或者是他們敵對團體的「同路人」。其實就是這群人造成了每個自以為義的道德恐慌事件。然而，即便歷經漫長而痛苦的反覆試錯，社會為了得以延續，最終也會認清事實，並且更務實地評估這些道德恐慌的客觀源頭。於是這些宗派型反邪教運動就會喪失影響力。因此，真正的邪惡會自食其果，老是宣稱要揭露那些虛構邪惡的次團體則會被邊緣化。在歐洲這

些理想還屬於未竟之志。而且在這個領域中，攻擊這群平衡報導者是更有熱度的。但即便不討喜，這些努力想傳達平衡報導的人們仍應持續他們的工作。

伍　反邪教意識形態和 FECRIS*

──論宗教自由危害的白皮書**

一　反邪教意識形態

在二○二○年，USCIRF（United States Commission on International Religious Freedom 美國國際宗教自由委員會），一個獲得兩黨支持、隸屬於聯邦政府的委員會將反邪教意識形態定為跨國性宗教自由的主要威脅。[1]

反邪教意識形態或者說反邪教主義之基礎，在於認為宗教和邪教是不同的。其宣稱說即便邪教宣揚自己的宗教性，但也還是不能被當成宗教。因為宗教是人們自願加入的，然而邪教的「受害者」則是被某些因素脅迫加入的。

要使用這些國際性術語上首先要定義清楚。貶義的英語單詞「cult」不應被翻譯成法語的「culte」，或者其他語言中的類似字詞。

---

* European Federation of Centres of Research and Information on Cults and Sects.

** 本白皮書由以下六位國際學者聯合發表：Luigi Berzano (University of Torino, Italy); Boris Falikov (Russian State University for the Humanities, Moscow, Russia); Willy Fautré (Human Rights Without Frontiers, Brussels, Belgium); Liudmyla Filipovich(Department of Religious Studies, Institute of Philosophy of the National Academy of Sciences, Kiev, Ukraine) ; Massimo Introvigne(Center for Studies on New Religions, Torino, Italy) ; Bernadette Rigal-Cellard (University Bordeaux-Montaigne, Bordeaux, France).2021年8月27日發表Bitter Winter網路期刊：https://bitterwinter.org/the-anti-cult-ideology-and-fecris-dangers-for-religious-freedom-a-white-paper/。

1　USCIRF 2020.

正如宗教學者在數十年間所注意到的一般，法語單詞具有相同的貶義
類似於英語中的「cult」應該是「secte」，而不是「culte」。「cult」應該
被翻成法語中的「secte」；反之，「secte」應該翻譯成「cult」，而不是
「教派（sect）」，這個沒有相同的負面含義之字詞（例如，不同的主
流佛學院在英語中通常被稱為「佛教宗派（Buddhist sects）」，這當中
沒有暗示任何負面判斷）。

　　以當前的組織形式來看，反邪教主義於一九六〇年代後期出現，
但它有更古老的起源。自古以來，人類社會認為宗教是正面和必要
的。在每個社會中，可以被稱為「宗教」的，是占有主流地位的宗
教。在許多古代社會中，這類宗教存在於沒有競爭的環境。當競爭出
現時，社會就會面對文化上和用語上的問題。

　　於是人們會認為，帶給對主流宗教和文化挑戰的新興宗教是如此
「奇怪」，因此不該有人會自願接受。古羅馬人認為基督宗教是一個
如此荒謬的迷信，以至於根本不夠格將其視為真正的宗教，那些會歸
信基督宗教的人是被黑魔法的手段迷惑了。

　　古代羅馬人的情況並非單一特例。如同基督宗教在羅馬遇到排斥
一般，佛教最初傳入中國時也被反對。當時人們覺得佛教看起來是如
此怪異，還傳達了具有顛覆性意義的平等與和平的理念。

　　中文裡的「邪教」（heterodox teachings，異端教義）一詞，一直
沿用之今日，當初在中古時代乃是用來指稱佛教的。之後這個字詞被
應用指稱於許多被帝國政權視為敵對的宗教，包括基督宗教。[2]他們
的批評者相信這些邪教都是靠黑魔法的手段才能讓人歸信的，並且條
列出數種蠱惑受害者的伎倆。[3]

　　在西方，當基督徒成為國家支持下的多數，他們也對「異端」信

2　Wu 2016.

3　Wu 2017, 57-92.

仰採取一樣的解釋，其中包含瓦勒度派（Waldensian）。瓦勒度派後來也被控訴說他們的傳教人是用巫術迷惑人歸信。[4]

　　啟蒙運動後，雖然相信黑魔法的人數變少，但關於一個奇怪的宗教信徒不會是自願加入，只可能是被迷惑的想法，則被世俗化為催眠術。摩門教徒特別會被指控說將他們的「受害者」催眠而歸信其宗教。[5]

　　反摩門教者還說，像摩門教這種用應許一個美好未來的說法催眠人改信他們的團體不能算是真正的宗教。一八七七年，在流通很廣的 *Scribner's Monthly* 刊物上的一篇文章中，反摩門教的 John Hanson Beadle（1840-1897）承認：「美國人只有一種本土宗教（摩門教），而這種宗教，很明顯是美國普世宗教寬容法則的唯一例外。……對於這種反常現象有兩種解釋：一種是美國人並不是真正寬容的民族，所謂的寬容只是對我們共同信仰的新教（改革宗）或一般的基督教的寬容；另一個是摩門教太怪了以致於根本不能被算入宗教領域」（Beadle 1877, 391）。[6]

　　Beadle 的觀察是對讀者的一種綁架，迫使人們總結說摩門教不是一種宗教。因為只有判定摩門教並非「真正」的宗教，才能化解美國作為宗教自由國家的形象與現實中反摩門教的歧視兩者之間的衝突。

　　到了二十世紀，某些想法因太過「奇怪」和危險，以至於人們也不該會自願相信，這樣的認知出現在另一個非宗教的領域，也就是「政治」。德國社會主義學者因為無法解釋為何不僅資產階級，還有工人、窮人都集體轉變為納粹主義，這就是後來所謂的「集體催眠」或「精神操縱」的由來。之後隨著冷戰，同樣的解釋在美國被用來解

4　de Lange 2000, 49.

5　Ward 1855, 230.

6　Beadle 1877, 391.

釋為什麼有些人會願意接受像共產主義這樣荒謬的意識形態。[7]

以共產主義的例子來看，創立於一九四七年的美國中央情報局
（Central Intelligence Agency, CIA）相信，他們找到了中國和朝鮮共
產黨監獄中使用洗腦技術的明確證據，這種手法用於對付被捕的西方
傳教士和後來在韓戰期間被捕的美國戰俘。美國精神病學家和心理學
家，如 Robert Jay Lifton 和 Edgar Schein 被要求訪談那些從共產主義
監獄和集中營中解救出來的人。他們的結論非常謹慎，因為他們發
現，事實上中國的手法並沒有真的改造很多人的思想，大多數簽署效
忠共產主義聲明的人之所以這麼做，只是為了避開監獄中的酷刑或虐
待，這些人根本沒被真正說服。[8]他們還因他們的精神分析觀點而受
到批評。以 Lifton 為例，他因為信仰人類施為（human agency）的自
由主義觀點，使他支持反邪教運動。然而，他們還是堅信，中國的精
神操縱技術要不是僅在配合精神藥物和酷刑的少數情況下有效，就是
完全沒有效果。

但是之後 CIA 決定以更簡化、黑白分明的方式，想解釋人們並
未自願轉向共產主義的觀點，因而宣稱中國和蘇聯共產黨都開發了一
種政治宣傳的精準技術來改造受害者的思想。正如中央情報局局長
Allen Welsh Dulles（1893-1969）在一九五三年所解釋的「就像唱片在
留聲機上被錄印」。[9]

CIA 指示其一名以記者掩護身分的探員 Edward Hunter（1902-
1978）去「發明」並散播「洗腦」一詞，且聲稱這個詞彙被中國共產
黨人使用[10]。事實上，CIA 和 Hunter 從喬治奧威爾（Eric Arthur Blair

---

7 Anthony 1996.

8 Lifton 1961；Schein、Schneier和Barker 1961.

9 Dulles 1953.

10 Hunter 1951.

1903-1950）以蘇聯為藍本的虛構政治小說《一九八四》，老大哥「清洗」了人民的大腦中得到了「洗腦」的概念。[11]

　　但矛盾的是，CIA 開始相信自己的宣傳，還嘗試在實驗中複製共產主義的洗腦手段，這些實驗由精神病學家 Donald Ewen Cameron（1901-1967）主導，主要都在加拿大進行（因為這在美國是非法的），這就是後來惡名昭彰的 MK-Ultra 計畫。藉由電擊、烈性毒品和睡眠剝奪，Cameron 試圖「清洗」受害者的大腦，清除他們先前的想法和習慣，再植入新的。正如他所承認的，他只成功造成了「植物人和殭屍」（vegetables and zombies）。之後在法庭訴訟案上，CIA 必須向受害者或他們的親戚支付巨額賠償，因為他們當中的一些本人已經死了。不過卻沒有人被「改造」為新的信仰。[12]

　　那麼進行洗腦的指控是怎麼從針對共產黨轉到「邪教」的呢？第一個把 CIA 洗腦論述應用在宗教上的作者，是英國精神病學家 William Walters Sargant（1907-1988），那是在他一九五七年的著作《心智戰爭：改造和洗腦的心理學》（*The Battle for the Mind: A Physiology of Conversion and Brainwashing*）之中。[13]此書後來成為國際暢銷書。Sargant 並不相信那種以有無使用精神控制作為區別主流宗教和「邪教」之間的方式。反之，Sargant 是一個徹底的反基督教者，他點出羅馬天主教和衛理公會就是兩個很常使用洗腦的群體，都被指控犯下和初代基督徒相同的罪行。[14]英國精神病學家認為只有洗腦才可以解釋早期基督教的快速發展。

　　許多人讀了 Sargant 的著作，無疑地助長了對普遍宗教的敵對態度。然而，其目標對象過於寬泛，以至於無法將這本書應用於推動公

---

11 Orwell 1949, 113.

12 Marks 1979.

13 Sargant 1957.

14 Sargant 1957, 121

共政策。因此美國某些屈指可數的心理學家們重新詮釋了 Sargant 的觀點，宣稱並非所有宗教都會洗腦，只有少數新創立的那些不配算是宗教的「邪教」才會使用洗腦技術。在一九六年代和一九七〇年代初期的氛圍下，反邪教運動開始興起，主要發起於那些決定輟學成為統一教會或「神的子女」（The Children of God）教會的全職傳教士，或者為了 Hare Krishna 運動而剃度成為印度教僧侶的家長之中。和前述前況相同，他們的父母也不相信他們選擇放下學業出家、在教會全職是自己的自由意志，於是 Margaret Thaler Singer（1921-2003）等心理學家就提供洗腦理論作為一個簡單粗暴的解釋。

洗腦理論也將 Ted Patrick 在加州發起的「非法去洗腦行動」正當化了。如果他們的兒子和女兒曾經被邪教洗腦，這些父母就會覺得僱用聲稱能夠藉由綁架、監禁，甚至多多少少以暴力改造「邪教徒」的「去洗腦者」是正當的。[15]

同年間，對新興宗教的學術研究誕生於美國和英國。這些學者研究那些被批評為「邪教」的宗教運動時發現，歸信這些宗教的方式和歸信任何其他宗教的的方式都是一樣的，而且其實只有很小比例的人有參加過所謂據稱有神奇洗腦技術的統一教團體課程和研討聚會。[16]實證資料證實了沒有洗腦或精神操縱，這些標籤和理論並不比古代聲稱的「異端」通過黑魔法改變了他們的追隨者更科學多少。[17]

學者們在學術界成功地將「邪教」一詞和洗腦理論邊緣化，但這些爭議延伸至法院。去洗腦已經成為一個非常有利可圖的職業，以及其他非法活動的掩護，[18]某些律師事務所認為新興宗教的前成員可以

---

15 Shupe and Bromley 1980.

16 Barker 1984.

17 Richardson 1978.

18 Shupe and Darnell 2006.

藉由控告原本參加過的宗教團體，求取洗腦損害民事賠償，於是這場爭鬥中就開始涉及了龐大的金錢利益。

　　總共花了整整十年的時間，多數法律學者才認清所謂洗腦和精神操縱是偽科學理論。決定性的戰役是發生在一九九〇年美國加州北區地方法院的 Fishman 案。Steven Fishman 是一個「專業的麻煩製造者」，他參加了一個大公司的股東大會，在得到其他少數股東的支持下，控告管理階層。後來他卻自行簽署了和解協議，收了公司付的錢就拍屁股走人，害其他相信他的股東空手而歸。在對他提起的欺詐訴訟中，Fishman 在他的辯護中聲稱，當時他暫時無法正常理解或形成正確的判斷，因為他從一九七九年以來都是山達基教會的成員，因此一直遭受洗腦。但其實山達基教根本不是訴訟的一部分，且與 Fishman 的不法行為完全無關，儘管多年後 Fishman 仍會如此錯誤宣稱。

　　在檢視了洗腦理論相關的學術論文的細節後，S. Lowell Jensen 法官總結，洗腦和精神操縱「不代表有意義的科學概念」，雖然有極少數學者支持這種說法，但也被研究新興宗教的壓倒性多數學者所否定，視之為偽科學。Singer 的證詞被宣布不可採信，Fishman 後來也入獄服刑。[19]

　　Fishman 案開啟了終結美國法院的反邪教者洗腦理論之路。對於反邪教徒來說，更糟的狀況在一九九五年到來，當去洗腦者 Rick Ross 嘗試對一位教友 Jason Scott 進行去洗腦失敗後，被控民事訴訟。該教友隸屬美國五旬節教會，一個擁有五百萬人的強大基督教教派，很少有人會視之為「邪教」或新興宗教。Scott 得到了山達基教的律師和偵探支援，證明了他的母親藉由「警惕邪教網絡（Cult Awareness Network, CAN)，當時美國最大的反邪教運動團體」轉介給 Ross。CAN 被判支付數百萬美元損害賠償（United States Court of Appeals for the Ninth Circuit 1998），因而破產了。CAN 及其資產被山達基教相關團體收購，

---

19 United States District Court for the Northern District of California 1990.

而後免費讓社會學家 Anson D. Shupe（1948-2015）和他的團隊取得 CAN 資料庫。他們總結，前 CAN 把「邪教」成員的父母轉介給去洗腦者的做法並非個案，而是常態。「去洗腦者」還曾向前 CAN 取得大量（且可能是非法的）佣金。[20]

Fishman 案和 Scott 案的判決並沒有完全讓洗腦和精神操縱的爭論在美國法庭上消失，但變得少見了，並且大多數和宗教無關，只有在和仍具爭議性的「親子離間症候群（parental alienation syndrome）」相關的訴訟中出現（PAS：Reichert, Richardson and Thomas, 2015）。但是關於「邪教」進行精神操縱或洗腦活動的這種認知仍存在於美國大眾媒體當中，也在美國以外的地方倖存下來，特別是在法國。不過大多數研究新興宗教的主流學者的論述和 Fishman 案的判決都曾提到，洗腦和精神操縱的概念，已被視為偽科學，也被大多數宗教學者否定，並不僅限指美國。

正如中國學者鄔僒卿所提出的論點，她藉由比較中古時代對佛教的控訴，和當代中國反對法輪功的運動總結，洗腦的指控與古代說異端宗教藉由魔法咒語「迷惑」他們的「受害者」是一樣的論述。[21]儘管洗腦被誤以為是科學的，但它是一種被世俗化的理論，這種理論認為邪惡宗教會迷惑他們的潛在成員，有能力控制、超越他們的自由意志，並用神奇的手段迫使他們改變信念。[22]James T. Richardson 研究西方反邪教者的「洗腦」理論時，也得出了類似的結論：它們和中世紀和前近代宣稱異端使用黑魔法增加信徒的說法驚人地相似。只是用了現代的語言去描述。[23]

---

20 Shupe and Darnell 2006.

21 Wu 2017, 156-57.

22 Wu 2017, 157.

23 Kilbourne and Richardson 1986.

　　洗腦的偽科學理論是反邪教運動的基礎（有時為避免尷尬而被稱為心智控制或精神操縱，因為和 CIA 發明出來的詞彙有歷史關聯）。「邪教」也被指控犯下其他不法行為，例如詐騙信徒然後讓領導者荷包滿滿，造成家庭破裂，騷擾批評者和前成員等等。然而，這些相關指控只是附加的，關鍵問題還是洗腦。信徒如果會做出對自己和他人有害的行為，以及服從領導都是在他們被洗腦之後。這也是反邪教者聲稱如何能將「邪教」與宗教區分的方法。「邪教」會洗腦，其他宗教則使用合法的說服技巧。

　　反邪教和洗腦的意識形態會被絕大多數宗教學者否定的原因之一，是因為其基礎是一種欺騙。反邪教者會聲稱他們只對宗教行動感興趣，而非其信條。「我們從不對信仰做價值判斷」，反邪教者反覆這麼說道。然而，事實並非如此。當 William Sargant 初次應用洗腦的政治理論在宗教上時（比起說他是後來加入反邪教運動的一個心理學家而言，不如說是一個在精神病學史上非常重要的人物），就已經警告，以洗腦為基礎而將宗教與「邪教」區分開來是沒有意義的。他說洗腦被使用在「人類漫長宗教歷史的每個時刻」，[24]從古羅馬和古希臘宗教到基督宗教、伊斯蘭教等等。使徒保羅突然歸信基督宗教的記載，被 Sargant 認為是他被基督徒亞拿尼亞洗腦的明確證據。[25]

　　在閱讀反邪教的文獻時，我們不斷找到證據表明反邪教者不願意承認，其實他們很在乎宗教信條，而不只是看重宗教行為。事實上，洗腦／「邪教」模型只適用於反邪教者認為怪異的、荒謬的、令其憎惡的或者不可接受的信仰。極度篤信、對領導者的忠誠（領導者可能被視為神聖的活化身），要求高額捐贈，等等的這些元素都是在主流傳統中的群體中可以找到的，但反邪教卻將之排除在他們的「邪教」

24　Sargant 1971, 25.

25　Sargant 1957, 121.

名單中（達賴喇嘛被視為活佛，但藏傳佛教通常不被稱為「邪教」，除了一些極端的反邪教者）。為什麼某些宗教被標記為「邪教」，而其他類似的宗教則卻能倖免於邪教的標籤，他們從來都沒有真正解釋過。之所以會使用這些標籤，是因為反邪教者基於他們自己的偏見，使他們無法接受某些教義。

二　FECRIS 的案例

如前所述，反邪教運動是在美國那些父母不滿意孩子放棄世俗前途，加入新興宗教當全職成員或傳教士而發起的。在一些歐洲國家的情況也是相似的。法國的 ADFI（保護家庭和個人協會 Association for the Defense of the Family and the Individual，後來的 UNADFI）是由 Champolllions 夫婦於一九七四年成立，他們的兒子加入了統一教會。另一個法國反邪教運動 CCMM（反精神操縱教育、行動、文獻中心 Center of Documentation, Education, and Action Against Mental Manipulation）則由 Roger Ikor（1912-1986）成立於一九八一年，他是一位作家，他的兒子加入了 Macrobiotic Zen 團體，後來自殺了。[26]雖然之間沒有證據顯示年輕的 Ikor 的自殺與加入 Macrobiotic Zen 有關係，但作家仍聲稱是「邪教」「謀殺」了他的兒子。[27]

在奧地利，Friedrich Griess 是一位工程師，他後來成為了奧地利和歐洲主要的反邪教者，他會這麼做當初最早的動機是因為他的女兒加入了布倫斯塔德基督教會（Brunstad Christian Church），一個在挪威由 Johan Oscar Smith（1871-1943）創立的福音派教會。[28]Griess 與自己女

26　Duval 2012.

27　Ikor 1981, 36.

28　Brünner and Neger 2012.

兒的衝突，導致布倫斯塔德基督教會淪為歐洲「邪教」爭議的中心。

　　正如在美國的類似情況，父母們的角色很快被律師、心理學家和精神科醫生等專業人士取代，成為歐洲反邪教運動最有能見度的聲音。到了一九九四年，反邪教者在大多數歐洲國家都成立了協會，並在巴黎建立了一個聯合組織 FECRIS（歐洲邪教、別異教派資訊聯合研究中心 European Federation of Centres of Research and Information on Cults and Sects），其辦公室原本位在 UNADFI 在法國首都的地址。現在則包含了三十多個國家大大小小的協會，有些還在歐洲以外。

　　一九九三年義大利學者 Massimo Introvigne 提出了「宗派型」和「世俗型」反邪教運動之間的差異，而後被廣泛採用。[29]「宗派型」反邪教運動始於十九世紀早期，當時新教和後來的羅馬天主教神學家系統性地批評了他們所認為背離基督宗教正統的異端「邪教」，這樣的行動持續到二十世紀，直至今天仍然活躍。這類宗派型反邪教者最在意的是他們認為是異端的教義，並希望將「邪教徒」帶回為正統基督宗教。因此他們並不願意依賴洗腦理論，因為他們知道洗腦也被用來批評基督教團體。另一方面，「世俗型」反邪教徒則聲稱他們對教義沒興趣，只是想把「邪教徒」從那些「邪教」的洗腦中解放出來，而不是讓他們歸信任何基督教會。

　　歐洲的反邪教主義和 FECRIS 的一個顯著特色是，「世俗型」和具宗教色彩的「宗派型」反邪教者之間的合作，其中「世俗型」的反邪教者還公開提倡無神論。這種合作看似是矛盾的，也產生了一些衝突，但它也解釋了為什麼 FECRIS 能夠影響非常多不同宗教和非宗教政治人物、政府和媒體的取向或定位。

　　隸屬於 FECRIS 的法國組織提供了一個有趣的個案研究。Roger

---

29 Introvigne 1993.

Ikor 自稱是一個無神論者。在一九八〇年他說「沒有邪教和宗教之間的本質差異，或者更確切地說是原理上的差異；只是程度和面向不同⋯⋯如果可以由我們當家做主，我們將終結這一切的胡言亂語，不管是邪教還是那些傳統大宗教」。他還提到了「穆罕默德、基督和摩西」都是當今活躍的「邪教」領袖的先驅者。[30]

另一方面，ADFI/UNADFI 組織有許多天主教徒（至少在最初幾年），並在幾年中都位在巴黎的天主教教區（Notre Dame de Lorette）。然而，事情到了二十一世紀有了變化。Janine Tavernier 作為 UNADFI 在一九九三年至二〇〇一年擔任的總裁，到二〇〇一年離開協會。她在二〇〇六年告訴世界報（*Le Monde*），UNADFI「是由來自天主教的人們創立的，但思想開放。我曾嘗試讓組織變得更開放，但是漸漸地，幾個共濟會（Freemason）成員加入了 UNADFI，把組織帶往了和一開始不同的方向」。後來 UNADFI 開始參與對很多團體展開的「獵巫」行動，根據 Tavernier 看來，這與「邪教」問題無關，這些團體被攻擊是因為意識形態或政治原因。[31]同年她寫道：「她因為聽到一個非常沉浸在反邪教激進主義的人強調說：『我們應該消除有上帝的觀念』時感到震驚」。[32]

Tavernier 所指的是著名的反天主教傾向，那是來自法國最大的共濟會（Masonic）組織大東方（Grand Orient）。二〇〇九年，社會學家 Olivier Bobineau 也指出，在法國的反邪教中有兩種團體共存，一種為「天主教保守團體，他們根據自訂的標準判定何為邪惡」，以及「無神論的左翼團體，他們認為信仰自由本身就是邪惡的」。這兩個團體「只要視某團體為共同敵人，這個宗教運動就會被貼上『邪教』

---

30 Ikor 1980, 76, 87, 89.

31 Ternisien 2006.

32 Tavernier 2006, 7.

的標籤」。根據 Bobineau 所言，到了二〇〇九年無神論團體在這場「權力鬥爭」裡佔了上風。[33]

在 FECRIS 這個組織中，宗派型反邪教與世俗型反邪教持續不穩定地共存。世俗人文主義者和自由思想家，像是 CCMM 的領導者，似乎不反對加入推選 Alexander Dvorkin 為副總裁的組織（Dvorkin 受僱於俄羅斯東正教會）。Dvorkin 是 FECRIS 中特別嚴重的案例，他身為 FECRIS 的領導者，批評他厭惡的宗教的信條。但在其他地方也還有類似案例，像是在塞爾維亞[34]，甚至法國。[35]

在後共產主義國家，共產主義和東正教這兩個保守的組織，以他們自己的方式反對自由的政治和新時代的文化選擇，並利用反邪教運動（並資助他們）打擊在意識形態和宗教領域不想看到的競爭對手。

以色列的邪教受害者中心（Israeli Center for Victims of Cults, ICVC），是歐洲外的 FECRIS 的通訊處，據稱這個組織（就像 Dvorkin 的組織）也是很世俗的，但包括組織裡的世俗人文主義者，都和最想預防猶太人改信其他宗教的極端保守猶太教組織有很深的淵源。在二〇一八年無國界人權組織（Human Rights Without Frontiers）的報告揭露了 ICVC 和 Yad L'Achim 的聯繫，那是一個被美國國務院正式譴責的組織[36]，因為他們作為極端猶太教正統派所說的激進言詞，導致以色列歧視宗教少數族群，甚至還會有暴力攻擊。這個報告也證明了 Yad L'Achim 支持中國政府對法輪功的迫害。[37]

順便一提，Dvorkin 是 FECRIS 國際領導者中最有能見度的人之一，他同樣也冒犯了有歷史的宗教信徒。他因為攻擊《薄伽梵歌

33　Albertini 2009.

34　Jankovic 2012.

35　Duval 2012.

36　United States Department of State 2017.

37　Human Rights Without Frontiers 2018.

（*Bhagavad-Gita*）》是一本「極端主義」的書，並強調「我們這麼說保證是對的，從東正教的角度來看，Krishna 是其中一個惡魔」，[38]這製造了俄、印之間緊張的外交衝突。他也說耶穌基督後期聖徒教會（Church of Jesus Christ of Latter-day Saints，也被稱為摩門教會）「是一個粗鄙且有嚴重極權主義傾向的新神秘異教」。[39]至於伊斯蘭教的先知，Dvorkin 則聲稱「穆罕默德要不就是得了一種病，產生了一種譫妄症的幻覺；或者被惡靈纏住；又或者像是拜占庭教父們說的，他是一個幻想者，編造了一切，然後他沒預期到他的親戚竟然信以為真。當然，也可能這三者以上皆是」。[40]

　　在 FECRIS 中宗派型反邪教和世俗型反邪教之間的共存元素，可以解釋哪些團體會被定為「邪教」並被指控為「洗腦」。比方對於某些所謂主流教會而言，像是 Dvorkin 所屬的俄羅斯東正教會，就認為把人從自己主管圈帶去轉信其他宗教的人是競爭對手、是「偷羊者」。另外，根據 Tavernier 的說法，在世俗化社會裡居然還存在虔誠信奉宗教的行為，而且還變得越來越有影響力？這都無法見容於那些世俗人文主義者和反宗教者。於是人們會發現，批評者將一個團體定為「邪教」，但對另一個團體則置之不理，其標準是極度反覆無常的。FECRIS 附屬組織聲他們是因為收到宗教成員或前成員的親屬投訴後才展開行動。而且這種投訴模式是開放給所有類型的精神操縱：任何不喜歡某個群體的人，都可以收集兩、三個投訴發給 FECRIS，因為他們很快就會宣布那個組織是「邪教」，並聲稱其使用洗腦。藉由追蹤FECRIS 附屬組織的社交媒體，我們也非常驚訝地發現，當媒體報導一個宗教領袖被指控性侵或經濟剝削時，明明反邪教者對這個族群還

---

38 CAP-LC 2014, 13.

39 Dvorkin 2002, 146.

40 這引起了穆斯林的強烈回應：見Golosislama.com 2012。

一無所知，他們就立即確認確有其事，然後說這是一種「典型的邪教」對其成員的洗腦。

在歐洲，FECRIS 及其附屬組織是傳播反邪教意識形態的主要基地。在二〇〇五年由於 FECRIS 獲得了歐洲理事會（Council of Europe）的參與地位，在二〇〇九年又獲得聯合國 ECOSOC（經濟和社會理事會）的特別諮商地位，使其也能在國際論壇上散播同樣的意識形態，雖然其行動受到其他更有公信力的 NGO 組織大力抵制和譴責。

正如 USCIRF 在二〇二〇年所指出的，FECRIS 的存在是對宗教自由的威脅[41]。我們將列出幾個理由說明其為何會帶來的傷害。

（一）FECRIS 系統性地散播有關「邪教」的反邪教意識形態和洗腦理論，那是一種偽科學理論，還虛偽地聲稱其區分了宗教行為和宗教信條，但實際上，不管表面上是什麼原因，一個宗教組織會被控訴虛構的洗腦罪行，或精神操縱的罪行，主要只是因為那些 FECRIS 成員討厭這團體而已。

（二）FECRIS 散布了數十個（如果不是數百個）的攻擊宗教或宗教活動的假消息，被有些媒體和政府認真看待，因為 FECRIS 成員號稱是那些領域的「專家」。國際學者已經找到這種運作模式當中非常嚴重案例的證據。在塞爾維亞，Zoran Luković 是一名警長，也是一名當地 FECRIS 附屬人類學研究中心的代表，他公開指出二〇〇七年由一名瘋子犯下的兩宗謀殺案件（後來被發現法院根本認定這與「邪教」沒有任何關係）很明顯是在「模仿德古拉伯爵的撒旦儀式」。[42]在他看來不管是歷史上的哪位吸血鬼，或者是 Bram Stoker（1847-1912）小說中虛構的德古拉都是撒旦崇拜者。於是同一個 Luković 寫了一本關於「邪教」中屬於「撒旦崇拜教派」的手冊，上面同時列有天堂之門

---

41 USCIRF 2020.

42 Jankovic 2012, 371.

（Heaven's Gate）和 Jim Jones 的人民聖殿教（Peoples Temple），[43]可是即便人民聖殿教確實以集體自殺終結，但他們的意識形態與撒旦崇拜根本毫無關係。反而是 Dvorkin 關於區別新、舊宗教間不同的錯誤主張成了整本書的主題。

　　FECRIS 附屬組織和他們的領導人，和 FECRIS 本身都是在傳播攻擊幾個宗教團體的虛假和毀謗消息，這並不僅僅是新興宗教學者的共識，也經過法院判決確認。律師都知道毀謗案件是難以處理的。因為並非所有虛假陳述都會構成毀謗。某些聲明可能不夠準確，但法院可能認為它們受到言論自由的保護，不屬於毀謗法規範的範圍。走過毀謗的訴訟過程之組織和小報都知道，他們經常會因為幾項陳述而被起訴，然後有些人被判刑，有些人則被判無罪。所以他們的策略通常是，當他們只有部分陳述被起訴（但不是全部），被認定為毀謗時，他們就故意對敗訴內容輕描淡寫，卻刻意強調勝訴的部分（這是一種即使在完全勝訴的毀謗案件中也是很常見的情況）他們還會虛假地宣稱自己的陳述已經被判定不是毀謗，等同法院已經「證明」它們是「真實的」，真相是這些陳述其實是假的，只是不在構成毀謗罪的範圍內罷了。

　　這種淡化焦點的策略已被用在具有里程碑意義的判決，漢堡地方法院在二〇二〇年十一月二十七日判決 FECRIS 組織十八項罪責，還沒算進其他附屬組織，因其「以不真實的傳聞攻擊耶和華見證人」。[44]由於耶和華見證人聲稱 FECRIS 的三十二份聲明是毀謗，法院只認定其中十七篇具有毀謗效力，一篇則有部分毀謗，十四篇無毀謗效力，所以 FECRIS 發了新聞聲明，聲稱他已經「贏了」這樁德國案件。這篇聲明是某位學者在一本暢銷且和宗教自由有關的雜誌上，回顧了漢

43　Jankovic 2012, 366.
44　Landgericht Hamburg 2020.

堡的判決之後，才公開的。[45]在此之前 FECRIS 則對這個問題保持沉默，但顯然他們輸了，證據就是 FECRIS 是被判向耶和華見證人支付賠償，而不是顛倒過來。但是，他們還是聲稱十四項被判為非毀謗的聲明才是「重點」，他們被判刑的十八份只是「附加的」。[46]

　　FECRIS 的新聞稿也給人一種錯誤的印象，好像漢堡法院證實了非毀謗的十四項聲明是真實的。不過事實上，法院本身就警告過不要這樣解釋，而該把重點放在德國法律中「表達意見享有廣泛的保護。因此，不準確的意見也在保護範圍內」。其中一個被視為非毀謗，但屬「不準確意見」的明確案例就是，「所有關於耶和華見證人在俄羅斯被迫害的消息，只是一種粗劣的宣傳手法罷了」。可是 FECRIS 卻在其聲明中講得好像這些內容已被漢堡法官確認過是真實的。我們甚至想知道，當俄羅斯對耶和華見證人的迫害已經反覆受到美國、歐盟和數個西方國家政府的譴責之後，FECRIS 是否自己真的還相信這個聲明？

　　在奧地利，如前所述一般，與 FECRIS 相關的頑固反邪教者 Friedrich Griess，曾多次攻擊布倫斯塔德基督教會，因而導致幾場訴訟，Griess 再三承諾他會避免對教會發表進一步毀謗性言論，只是他後來又再犯，而再次被起訴。[47]

　　在法國，魯昂上訴法院判處 UNADFI 總裁 Catherine Picard 毀謗耶和華見證人，法院稱他們的毀謗為「謬誤的描述」。此判決後來因程序缺陷而被最高法院撤銷（皮卡德沒有及時在上訴案件的時間到庭），然而這並未和上訴法院的實質判決內容相矛盾。同一個最高法院在二〇〇七年對 Picard 攻擊玫瑰十字會運動（Rosicrucian movement AMORC）的案子也判其毀謗。[48]

---

45 Introvigne 2021.

46 FECRIS 2021.

47 Brünner and Neger 2012, 323-28.

48 Duval 2012, 251-52.

　　ADFI／UNADFI 的地方領導人也被判刑。一九九七年，法國杜埃（Douai）的上訴法院判決時任 ADFI-Nord 總裁的 Lydwine Ovigneur 毀謗耶和華見證人有罪（Forget 2010, 141）。ADFI-Nord 的另一位總裁 Charline Delporte 在同一個耶和華見證人案件卻未被判毀謗，於是這個案件由最高法院發回巴黎上訴法院重審後，在二〇〇三年再判 Delporte 確實毀謗了其宗教組織。[49]

　　山達基教也打贏過數起針對 UNADFI 領導人的訴訟。[50]二〇〇一年十一月二十日，巴黎刑事法院判定 UNADFI 主席有罪，因他公開毀謗一名山達基成員。二〇〇三年二月五日，巴黎上訴法院確認了這一判決。二〇一五年十一月二十日，UNADFI 被巴黎上訴法院因「濫用法律程序」被定罪。另外還包括持續以非法和詐欺的方式攻擊山達基教會的原告，而 UNADFI 完全清楚這是一個不被接受的行為，其唯一目的是「傷害教會並非法影響正在進行的司法程序」。[51]最高法院在二〇一七年一月十二日也維持有罪原判。

　　在德國，FECRIS 附屬組織 Sekten-Info Essen（後來的 Sekten-Info NRW e.V.）的創始人 Heide-Marie Cammans，因為散布有關 Sant Thakar Singh（1929-2005）團體的不實訊息，而於二〇〇一年在慕尼黑被判刑。Sant Thakar Singh 是一位 Sant Mat 傳統的精神導師。[52]

　　在二〇一八年，即使平時是一個與反邪教者在法律上合作的國家，俄羅斯的 Odintsovo 法院也發現，Dvorkin 的俄羅斯 FECRIS 附屬組織太誇張，判其需刪除反對印度教精神導師 Prasun Prakash 的毀謗言論。[53]

---

49 Forget 2010, 141-43.

50 Fautré 2021.

51 Cour d'Appel de Paris, 2015.

52 Dericquebourg 2012, 191.

53 Matharu 2019 .

這些還只是 FECRIS 附屬公司敗訴的一些案例。毫無疑問，這些反邪教組織也可以說他們打贏過將他們攻擊新興宗教比作納粹警察蓋世太保的訴訟，或是在其他訴訟中他們只要不使用超越言論自由尺度的用語，他們的言論不見得會被視為毀謗。

然而實際上公平尚未完全到來。FECRIS 仍試圖扮演一個公共角色。他們聲稱會提供有關「邪教」的可靠專業知識，還提供「專家」的服務。全歐洲的眾多訴訟案中，這些「專家」已被法院判定並未提供事實報告，而是提供虛假新聞和惡評，目標是故意毀謗和歧視他們不喜歡的宗教運動。由案件的數量可以清楚地得出結論，這是一個 FECRIS 及其附屬公司有組織性的行動，而非偶一為之。

（三）FECRIS 支持極權主義政權，並因為對少數宗教成員的迫害、酷刑和法外處決，遭到全球性的譴責。Alexander Dvorkin 當選 FECRIS 的副總裁，是組織內的最主要的影響力來源，也是俄羅斯迫害新興宗教主要骨幹。更糟糕的是，FECRIS 成員（Dericquebourg 2012, 193），包括 Dvorkin（Human Rights Without Frontiers International Correspondent in Russia 2012, 284）還曾參加在中國籌辦的會議，支持迫害法輪功是正當的。Dvorkin 說「法輪功是一個強硬的極權教派，其成員被其領導人利用於報復中國政府，之後又被美國特殊政府部門利用來實現他們的對外政策目的」。[54]

當民主世界發出數十份提及酷刑、殺戮和摘取器官的政府和國際文件，大力譴責中國對法輪功的迫害之際，FECRIS 領導者的支持成了中國共產黨的重要武器，為其暴行辯護（事實上的確如此）。

（四）FECRIS 參與了破壞新興宗教的暴力運動。這還不只是因為其仇恨言論最後常帶來肢體暴力。表面上他們對於去洗腦持謹慎態

---

54 Dvorkin 2013.

度，因為那曾經導致美國警惕邪教意識網絡的終結，但 FECRIS 領導卻時不時想將之正當化（Duval 2012, 240-42）。有時他們還不只想僅僅合理化。在歐洲宣告去洗腦是非法的判例，是由歐洲人權法院提出的「*Riera Blume and Others v. Spain of 1999*」。該判決明確指出，FECRIS 附屬的 Pro Juventud（後來的 AIS，Atención e Investigación de Socioadiciones）對去洗腦問題要負「直接的責任」。[55]

一而再再而三，這不是一個單一的事件。在瑞士，同時是 FECRIS 當地附屬組織 SADK（Schweizerische Arbeitsgemeinschaft gegen destruktive Kulte）和英國 FECRIS 附屬組織 FAIR（後來的 Family Survival Trust）的成員，涉入了一九八九年 Hare Krishna 運動的去洗腦行動，這讓主要的去洗腦者和兩對受害者的父母被判緩刑。[56]

直到二〇一八年，六月一日在拉脫維亞里加舉行的 FECRIS 董事會會議的議程中，出席者當中「David Clark 被指定為 FECRIS 到紐約出席聯合國的代表」。但他其實長期以身為一名「去洗腦者」而惡名昭彰。[57]

（五）FECRIS 積極推行守門策略（gatekeeping strategy）攻擊大多數研究新興宗教的資深學者，將之貼上「邪教辯護者」的標籤。

在二〇一八年，美國學者 William M. Ashcraft 發表了關於新宗教運動學術研究史的權威文本。他指出，那些被公認為形塑了這個研究領域、也是這些議題的主流學者都是反邪教意識形態的嚴厲批評者。少數學者（其中最著名的是加拿大社會學家 Stephen A. Kent）脫離了他們的大多數同儕，創建了一個他們稱之為「邪教研究」的新學科，它接受了宗教和「邪教」之間的區別，以及接受因使用高強度的精神

---

55 European Court of Human Rights 1999.

56 Dericquebourg 2012, 192.

57 Shupe and Darnell 2006, 88, 98, 189.

操縱技術，而仍然把這些團體稱之為「邪教」的說法，為此緣故這些人還保留了「洗腦」這個詞。但是正如 Ashcraft 所指出的，「邪教研究」從未被「主流學術界」接受。他們一直只是個「由少數投身其中的學者組成的計畫」，但「在國內和國際上都沒有被更大的學術界背書」。[58]

　　雖然反邪教的的部分倡議者，也偶有佳作，但 Ashcraft 仍然表示「邪教研究並非主流」。[59]到目前為止 FECRIS 一直致力於社會學家稱之為守門的行動，我們稱之為「閉關掩耳」試圖阻止某些著作或作者造成社會影響。不過其實 FECRIS 對學術期刊和出版社沒有任何影響力，那些被它貼上「邪教辯護者」標籤的學者繼續定期發表文章，實際上主導著學術領域。然而，FECRIS 在媒體和某些政治人物之中推廣虛假的論述，繼續對 Ashcraft 在手冊裡描述的學術共識顛倒黑白。雖然 Ashcraft 指出，「新興宗教研究」即「攔截反邪教」代表了學術界的絕大多數觀點，且「邪教研究」被視為「非主流」，FECRIS 卻繼續睜眼說瞎話，告訴人們那些實際上只能代表極少數的邪教研究學者才是「學術專家」，而新興宗教的學者卻是一群「邪教辯護律師」，他們的作品不應該被政府和媒體信賴。

　　FECRIS 還同時提倡虛假的理論，謊稱對於主流的新興宗教運動學者而言，每個聲稱有宗教信仰的團體，皆被定位為清白、無辜的，都沒有發生任何被指控的罪行。這很明顯不是事實。事實上，幾乎所有新興宗教學者都認知到，確實存在著「犯罪性的宗教活動」，不管是在新成立的宗教和傳統宗教（像是天主教那群戀童癖神父，或者以伊斯蘭之名行事的恐怖組織）。但這僅僅限定於那些真正犯罪的團體，例如恐怖主義、人身暴力和性侵，而非那些想像出來的「邪教」罪行

58　Ashcraft 2018, 9.

59　Ashcraft 2018, 9.

或「洗腦」行為。

　　由於持續散布宗教組織和學者兩方的虛假信息、仇恨言論，又支持極權政權，還針對「邪教」成員進行暴力攻擊、毀謗，以上所有都在在證明了何以 USCIRF 將 FECRIS 定位為國際宗教自由的主要威脅。與 FECRIS 合作的政府和其他機構應該嚴肅看待這樣的組織，是否真的值得他們支持。

參考書目

Albertini, Dominique. 2009. "Lutte contre les sectes: 'La Miviludes, police des esprits.' " Le Nouvel Observateur, 8 juin. https://www.nouve lobs.com/rue89/rue89-nos-vies-connectees/20090608.RUE0793/ lutte-contre-les-sectes-la-miviludes-police-des-esprits.html.

Anthony, Dick. 1996. "Brainwashing and Totalitarian Influence: An Explor- ation of Admissibility Criteria for Testimony in Brainwashing Trials." Ph.D. diss. Berkeley: Graduate Theological Union.

Barker, Eileen. 1984. The Making of a Moonie: Choice or Brainwashing? Oxford: Basil Blackwell.

Beadle, John Hanson. 1877. "The Mormon Theocracy." *Scribner's Monthly* 14(3):391-97.

Brünner, Christian, and Thomas Neger. "FECRIS and Its Affiliates in Austria: State and Mainline Religions Against Religious Diversity." *Religion-Staat-Gesellschaft* 13(2): 307-339.

CAP-LC. 2014. Against Freedom of Religion or Belief? Questions about a European "NGO": FECRIS. Nantes: CAP-LC.

Cour d'Appel de Paris. 2015. Arrêt n° 14/09557 (2015-304). November 20. https://www.doctrine.fr/d/CA/Paris/2015/R74AAB07E29852 DF7B397.

de Lange, Albert. 2000. Die Waldenser. Geschichte einer europäischen Glaubensbewegung in Bildern, Karlsruhe: Verlag Staatsanzeiger für Baden- Württemberg.

Dericquebourg, Régis. 2012. "FECRIS: European Federation of Research and Information Centers on Sectarianism." *Religion-Staat-Gesellschaft* 13(2):183-96.

Dulles, Allen Welsh. 1953. "Brain Warfare—Russia's Secret Weapon." U.S. News and World Report, May 8.

Duval, Patricia. 2012. "FECRIS and its Affiliates in France: The French Fight against the 'Capture of Souls.'" Religion-Staat-Gesellschaft 13 (2):197-266. Dvorkin, Alexander. 2002. СЕКТОВЕДЕНИЕ. ТОТАЛИТАРНЫЕ СЕКТЫ (Sectology: Totalitarian Sects). Nizhny Novgorod: Publishing house of the brotherhood in the name of St. Prince Alexander Nevsky. Dvorkin, Alexander. 2008. "Деструктивная секта "Фалуньгун"—искусство политического манипулирования" (The Destructive Cult Falun Gong: The Art of Political Manipulation). January 30. https://iriney.ru/psevdobuddijskie/falungun/destruktivnaya- sekta-falungun-%E2%80%94-iskusstvo-politicheskogo-manipulirova niya.html. European Court of Human Rights. 1999. Riera Blume and Others v. Spain. Judgement of October 14. https://hudoc.echr. coe.int/fre#{%22itemid%22:[%22002-6630%22]}. [Full text in French: https://hudoc.echr.coe.int/fre#{%22itemid%22:[%22001-62877%22]}]. Fautré, Willy. 2021. "FECRIS and Affiliates: Defamation Is in Their DNA." Human Rights Without Frontiers, July 8. https://hrwf.eu/wp-content/uploads/2021/07/EU-2021.pdf. FECRIS. 2021. "Jugement de Hambo urg." https://www.fecris. org/fr/uncategorized/jugement-de-hambourg/. Forget, Davy. 2010. Les Témoins de Jéhovah en France: entre recon-naissance et discrimination. Paris: In libro veritas. Golosislama.com. 2013.

“Обращение к православному деятелю Александру Дворкину по следам его выступлений” (Appeal to Orthodox Representative Alexander Dvorkin After His Speeches). March 21. https://golosislama.com/news.php?id=15910. Human Rights Without Frontiers. 2018. The Israeli Center for Victims of Cults. Who Is Who? Who Is Behind It? Brussels: Human Rights Without Frontiers. Human Rights Without Frontiers Correspondent in Russia. 2012. “FECRIS and Its Affiliate in Russia: The Orthodox Clerical Wing of FECRIS.” Religion-Staat-Gesellschaft 13(2): 267-306.

Hunter, Edward. 1951. Brain-Washing in Red China: The Calculated Destruction of Men's Minds. New Yok: The Vanguard Press.

Introvigne, Massimo. 1993. “Strange Bedfellows or Future Enemies?” Update & Dialog 3:13-22.

Introvigne, Massimo. 2021. “FECRIS Sentenced in Germany for Defaming Jehovah's Witnesses.” Bitter Winter, May 24. https://bitterwinter.org/fecris-sentenced-in-germany-for-defaming-jehovahs-witnesses/.

Ikor, Roger. 1980. “Les sectes et la liberté.” Cahiers rationalistes 364:73-94.

Ikor, Roger. 1981. Je porte plainte. Paris: Albin Michel.

Jankovic, Miroslav. 2012. “FECRIS Affiliate in Serbia Centre for Anthropological Studies: Spreading of Religious Intolerance or Struggle for Human Rights and Freedoms.” Religion-Staat-Gesellschaft 13(2): 361-88.

Kilbourne, Brock K., and James T. Richardson. 1986. “Cultphobia.” Thought: Fordham University Quarterly 61(2):258-266.

Landgericht Hamburg. 2020. Jehovas Zeugen in Deutschland vs. F.E.C.R.I.S. December 27. Copy communicated to the authors.

Lifton, Robert Jay. 1961. Thought Reform and the Psychology of Totalism: A Study of "Brainwashing" in China. Chapel Hill. NC: University of North Carolina Press.

Marks, John. 1991. The Search for the "Manchurian Candidate." 2nd ed. New York: W.W. Norton.

Matharu, Aleesha. 2019. "In Russia, a Hindu Guru Alleges Smear Campaign By Orthodox Christian Activist." The Wire, September 17. https://thewire.in/religion/russia-hindu-guru-smear-campaign-orthodox-russian-activists.

Orwell, George. 1984. 1984. London: Secker & Warburg. Reichert, Jenny, James T. Richardson, and Rebecca M. Thomas. 2015. " 'Brainwashing': Diffusion of a Questionable Concept in Legal Systems." International Journal for the Study of New Religions 6(1):3-26.

Richardson, James T. 1978. "An Oppositional and General Conceptualization of Cult." Annual Review of the Social Sciences of Religion 2: 29-52.

Sargant, William. 1957. The Battle for the Mind: A Physiology of Conversion and Brainwashing. New York: Doubleday.

Sargant, William. 1971. The Battle for the Mind: A Physiology of Conversion and Brainwashing, 3rd expanded ed. New York, Hagerstown, ML, San Francisco, and London: Perennial Library.

Schein, Edgar H., Inge Schneier, and Curtis H. Barker. 1961. Coercive Persuasion: A Socio-Psychological Analysis of the "Brainwashing" of American Civilian Prisoners by the Chinese Communists. New York: W.W. Norton & Company.

Shupe, Anson D., and David G. Bromley. 1980. The New Vigilantes: Deprogrammers, Anti-Cultists, and the New Religions. Beverly Hills, CA: SAGE.

Shupe, Anson D., and Susan E. Darnell. 2006. Agents of Discord: Deprogramming, Pseudo-Science, and the American Anticult Movement. New Brunswick, NJ: Transaction Publishers.

Tavernier, Janine. 2006. "Préface." In Serge Toussaint, "Secte" sur ordonnance: Les Rose-Croix témoignent, 5-9. Le Tremblay: Diffusion rosicrucienne.

Ternisien, Xavier. 2006. "Janine Tavernier: 'Il faut distinguer les mouvements religieux des vraies sectes.'" Le Monde, November 16. https://www.lemonde.fr/societe/article/2006/11/16/janine-tavernier-il-faut-distinguer-les-mouvements-religieux-des-vraies-sectes_8 35150_3224. html.

United States Court of Appeals for the Ninth Circuit. 1998. Opinion (Beezer J), Case No. 96-35050, Jason Scott vs. Rick Ross et al., and Cult Awareness Network. April 8. https://caselaw.findlaw. com/us-9th-circuit/1097138.html.

United Stated Department of State. 2017. "2016 Report on International Religious Freedom: Israel and The Occupied Territories." https:// www.state.gov/reports/2016-report-on-international-religious-fre edom/ israel-and-the-occupied-territories/.

United States District Court for the Northern District of California. 1990. Opinion (Jensen J.), Case No. CR-88-0616 DLJ, United States v. Steven Fishman. April 13. 743 F. Supp. 713.

USCIRF (United States Commission on International Religious Freedom).

2020. The Anti-Cult Movement and Religious Regulation in Russia and the Former Soviet Union. https://www.uscirf.gov/sites/default/files/2020%20Anti-Cult%20Update%20%20Religious%20Regulation%20in%20Russia.pdf. Ward, Maria. 1855. Female Life Among the Mormons, London: Routledge. Wu, Junqing. 2016. "Words and Concepts in Chinese Religious Denunciation: A Study of the Genealogy of Xiejiao." *The Chinese Historical Review*, 23(1): 1-22. Wu, Junqing. 2017. Mandarins and Heretics: The Constructions of "Heresy" in Chinese State Discourse. Leiden: Brill

哲學研究叢書・宗教研究叢刊 0702012

宗教自由和東亞新興教會：以基督教福音宣教會為中心（上）

作　　者　馬西莫・英特羅維吉

　　　　　Massimo Introvigne、蔡至哲

譯　　者　蔡至哲

責任編輯　官欣安

封面設計　陳薈茗

特約校稿　林秋芬

發 行 人　林慶彰

總 經 理　梁錦興

總 編 輯　張晏瑞

編 輯 所　萬卷樓圖書股份有限公司

　　　　　臺北市羅斯福路二段 41 號 6 樓之 3

　　　　　電話 (02)23216565

　　　　　傳真 (02)23218698

發　　行　萬卷樓圖書股份有限公司

　　　　　臺北市羅斯福路二段 41 號 6 樓之 3

　　　　　電話 (02)23216565

　　　　　傳真 (02)23218698

　　　　　電郵 SERVICE@WANJUAN.COM.TW

香港經銷　香港聯合書刊物流有限公司

　　　　　電話 (852)21502100

　　　　　傳真 (852)23560735

ISBN 978-986-478-681-7(上冊：平裝)

ISBN 978-986-478-682-4(下冊：平裝)

ISBN 978-986-478-683-1（套號）

2022 年 5 月初版

定價：新臺幣 420 元

全套二冊・不分售

如何購買本書：

1. 劃撥購書，請透過以下郵政劃撥帳號：

　帳號：15624015

　戶名：萬卷樓圖書股份有限公司

2. 轉帳購書，請透過以下帳戶

　合作金庫銀行 古亭分行

　戶名：萬卷樓圖書股份有限公司

　帳號：0877717092596

3. 網路購書，請透過萬卷樓網站

　網址 WWW.WANJUAN.COM.TW

大量購書，請直接聯繫我們，將有專人為

您服務。客服：(02)23216565 分機 610

如有缺頁、破損或裝訂錯誤，請寄回更換

國家圖書館出版品預行編目資料

宗教自由和東亞新興教會：以基督教福音
宣教會為中心/馬西莫.英特羅維吉(Massimo
Introvigne), 蔡至哲著 ; 蔡至哲譯. -- 初版.
-- 臺北市 : 萬卷樓圖書股份有限公司,
2022.05
冊 ; 公分. -- (哲學研究叢書. 宗教研究
叢刊 ;702012)
ISBN 978-986-478-681-7(上冊 ： 平裝). –
ISBN 978-986-478-682-4(下冊 ： 平裝). –
ISBN 978-986-478-683-1(全套 ： 平裝)
1.CST: 新興宗教 2.CST: 宗教自由 3.CST:
文集
209　　　　　　　　　　　　111006395